REFORMATIONS, STATUTS, ET COUSTUMES DU DUCHE' DE BOUILLON.

A LIEGE,

Chez GUILLAUME BÀRNABE', Imprimeur de Son Altesse
Serenissime Electorale, Ruë Neuvice à la Treille d'Or.

MDCCXIX.

FERDINAND par la grace de Dieu, Esleu & Confirmé Archevesque de Coloigne, du S. Empire Romain par l'Italie Archicancellier, & Prince Electeur, Evesque de Liege, Paterborne & Munster, Administrateur de Hildeshem, Berchtesgade, Corvey, & Stavelot, Comte Palatin du Rhin, Duc des deux Bavieres, Westphale, Engeren & Boüillon, Marquis de Franchimont, Comte de Looz, Loigne, Horne, &c.

A tous ceux qui ces presentes

verront, ou lire ouyront, Salut :
Comme noſtre Treſcher & Feal
Denys de Pottiers, Seigneur de
Fenſſe, Gouverneur de noſtre Duché de Boüillon, & nos Chers &
aimez les Juſticiers & Jugeurs
Nous euſſent remonſtré, que par
laps, & ſucceſſion du temps, il y
auroit pluſieurs abus qui ſeroient
peu à peu, & inſenſiblement cou-
lez en ce qu'eſt de la practique, &
adminiſtration de Juſtice, auſſy
que dedans les couſtumes de no-
ſtredit Duché, il y auroit pluſieurs
poincts mal entendus, & ſiniſtre-
ment interpretez, autres auſſi ob-
mis, auquels, pour le bien, repos,
& ſoulagement des ſubjets de no-
ſtredit Duché, il ſeroit requis d'y
apporter reglement, ordre, & interpretation convenable ; Sur-
quoy noſdits Gouverneur, Juſti-

ciers Nous auroient preſentez
quelques articles & cayers , leſquels aurions r'envoyé aux Chan-
cellier , & Gens de noſtre Conſeil
de Liege , & iceux auroient commis & deputé pour conferer, trai-
cter , & debattre , leſdits articles ,
avec noſdits Gouverneur , & Juſticiers , Noz Chers & Feaux Fran-
çoy de Diffus , & Lambert de Lapide , Conſeilliers de noſtre Conſeil Privé , & Eſchevins de noſtre
haulte Juſtice de Liege , leſquels
auroient faict rapport , tant à no-
ſtredit Conſeil , comme à Nous ,
de ce qu'auroit eſté illec negocié
& traité , & de tout ce que pourroit ſervir à une reformation des
abus : Dont trouvans que leſdits
Reglements , poincts , articles &
reformations tendent au bien pu-
blic , ſoulagement de noz ſubjects ,

& retranchement de beaucoup
d'abus, les avons de noftre authorité Principale, & Ducalle, approuvez, loüez, & confirmez,
comme par ces les approuvons,
loüons, & confirmons, Ordonnans
& commandans à Noz Gouver-
neur, Officiers, Jufticiers, Prevoft,
Mayeurs, & tous noz fubjects particulierement, & generalement,
de les obferver, fe regler, & conformer à iceux : Car telle eft noftre expreffe, & ferieufe volonté.
Donné foubs noftre nom, & Seel
fecret, en noftre Ville de Bonne
ce 15. Juillet 1628. Et eftoit figné
FERDINAND. & puis, Blocquerye
vidit, & embas Jo. Bex Secretai-
re, & y eftoit mis le cachet de Son
Alteze Ser.^{me} en cire rouge.

TABLE DES CHAPITRES.

DE

DE LA COUR SOUVERAINE DE BOUILLON.
CHAPITRE I.

ARTICLE PREMIER.

LA Cour Souveraine de Boüillon sera composée d'un Prevost, six Jugeurs, & un Greffier, choisis entre plusieurs autres personnages idoines & de sçavoir, sans note, ou reprehension d'aucun crime ou infamie publicque, & affin qu'il y soit autant mieux pourveu, la collation & provision desdits estats est reservée & se fera par son Alteze Ser.me comme Duc de Boüillon.

II.

Et doivent les Jugeurs estre siesvez, ayant presté l'hommage de fidelité au Prince Duc & Souverain de Boüillon, & à l'Illustre Chapitre de S. Lambert de Liege, estant procréez de mariage legitime, & de Religion Catholique, Apostolique & Romaine, tenant leur residence soubs le Duché de Boüillon, & nez, & nationnez dudit Duché, ou du Pays de Liege, ou du moins de l'Empire, & ne pourront au

A

future

future estre admis à la Judicature pere & fils, freres
& beaufreres, oncles & nepveux.

I I I.

A leur reception en telle charge, & office, passeront le serment selon le formulair de la Cour, & sera
telle reception, & serment, fidelement, & de mot à
mot inseré au Registre de la Cour, avec les dates des
jours, mois, & années qu'ils auront esté passez.

I V.

Ils ne permettront que la Justice soit aucunement
retardée, sinon qu'il y eust quelque raison dont ils
en pourroient, & devroient estre meüs, & ce avec
cognoissance de cause, les parties sur ce appellées &
ouyes.

V.

L'audience se tiendra le Mercredy de huictaine à
autre, reservé en temps de vacances.

V I.

Et devront les Prevost, Jugeurs, Greffier, & Sergeant y comparoistre pour estre Justice administrée
aux parties, depuis les neuf heures du matin jusques
à midy, ne fust que pour legitime empeschement ils
en fussent excusez.

V I I.

Les vacances seront depuis le Dimanche de la
Magdaleine jusques à la Nativité de la Vierge Mere

en

en Septembre. Et depuis le Mercredy avant Pasques,
jusques au Mercredy après Quasimodo. Et du Mercredy avant Noël , jusques au Mercredy après les
Roys exclusivement.

VIII.

Durant lesquelles ne pourra aucune partie estre
constrainte , outre son consentement de ster en jugement , soit pour cause desià au paravant lesdites
vacances intentée , ou bien que son advers de nouveau voudroit intenter , ains luy sera à la premiere
journée accordé dilay après lesdites vacances , aux
despens de sondit advers.

IX.

Sauf, & reservé pour fait de crime , dont le retardement se trouveroit par trop prejudiciable , soit
au publicque , soit aux parties particulieres interes-
sées , comme és cas qui provisionellement se doivent
vuyder en matiere de nouvelleté , & ou se devra ordonner sequestre. Item pour bestes prinses de l'authorité de Justice , qui se consomment par longue
garde , & pasture , comme aussi pour tous fruits
prests à cüeillir & couper, & en matiere d'alimens &
autres qui ne permettent aucun dilay.

X.

Les Juges ne prendront , ou permettront estre prins
en leurs noms des parties plaidantes par devant eux,

directement, ou indirectement aucun don, present,
ou bien fait, à peine d'estre suspensez de leurs estats,
tels temps que suivant le cas la Cour trouvera convenir, & de ce la Cour devra passer serment.

X I.

Ils ne pourront donner conseil, & advis, sinon
collegiallement, & à la requeste des ambedeux parties, & sur cas posez conjonctement par icelles.

X I I.

La Cour Souveraine ne devra avocquer les causes
pendantes indecises, & commencées pardevant les
Justices inferieures, sinon par voye d'appel, ou en
cas de dilation, ou denegation de Justice, ou autres
raisons legitimes, & en droit fondées, lesquelles se
proposeront devant la Cour basse, avec demande de
r'envoye avant s'addresser à la Cour Souveraine.

X I I I.

Le Prevost, ou en son absence le plus ancien des
Jugeurs, devra mulcter sur le champs, & condamner
en amende de sept patars ceux qui par leurs insolen-
ces, ou irreverends parler troubleront l'audience des
causes.

X I V.

Pour faire veüe des lieux seront deputez deux Jugeurs, ou Eschevins és Cours inferieures avec le
Greffier, & pour ouyr tesmoins suffira un Jugeur,
ou

ou Eschevin avec le Greffier, qui seront deputez par la Cour, à la semonce du Prevost, ou Mayeur.

X V.

Et lors que quelque partie aura requis d'avoir Commissaires pour faire enqueste, veüe de lieu, ou autre information dans, ou hors la Duché, telles commissions se devront donner alternativement aux Jugeurs à tour de roolle.

X V I.

Ne devront lesdits commis se transporter à aucun lieu pour commission, sans estre munis d'act pertinent, & authentique de leur commission, en pertinente forme escript, à peine de nullité de leurs besoignes, & d'endurer les despens du voyage.

X V I I.

Tous acts de jurisdiction volontaire, comme transports, œuvres de loix, se pourront expedier pardevant le Prevost, ou Mayeur, un Eschevin ou Jugeur, & le Greffier, comme semblablement les plaidoyers des parties, mais pour resouldre sur procés conclu, la Cour devra estre entiere, ne soit que la requisition des parties fust au contraire.

X V I I I.

Seront les parties admonestées de declarer amplement, toutes leurs intentions, pacts, accords, arrieres-promesses faictes, pour estre inserées esdicts

con-

contracts ; autrement ne feront reçeus , finon trois jours par après à propofer & verifier avoir efté convenu , & contracté , autrement & plus dit qu'il ne fe trouvera inferré dans l'act d'operation defdites œuvres. Lefquelles operations le Greffier devra expedier & defpefcher dedans trois jours , à peine d'eftre tenu à tous dommages , & interefts qui pourroient eftre caufez pour ledit retardement.

X I X.

Les Prevoft, Jugeurs, Mayeurs, Efchevins, Greffiers , Sergeants , & autres Officiers ayant le ferment à Juftice, ne revelleront les fecrets d'icelle , fçavoir tefmoignages , fentences non horfportées , & autres , à peine d'eftre fufpenfez de leur eftat pour un an , & d'en eftre privé en cas de refcheute.

X X.

Si quelqu'un du Siege , Prevoft , ou Jugeur , Mayeur , Efchevin , ou Greffier eft allegué fufpect par une des parties plaidantes, & qu'il y ayt caufe legitime de foubfçon, fi que de parenté, confanguinité , affinité , familiareté grande , domefticité , inimitié , ou autre qui pourroit mouvoir le recufé à opiner pour l'adverfe du recufant , tel devra fe deporter de prendre cognoiffance de telle caufe en laquelle il eft recufé , fans perte toutesfois, ou diminution de fes droicts ordinairs ; Et fera par la Cour affumé en fon lieu

lieu à la confultation, & refolution de la caufe un homme fiefvé du Duché, non fufpect aux parties, & ce aux defpens du tort.

X X I.

La Cour n'emprendra fur la jurifdiction Ecclefia-ftique, n'y empefchera l'execution des provifions, collations, & inftitutions de l'ordinair.

DES GREFFIERS.
CHAPITRE II.
ARTICLE PREMIER.

NUL devra eftre admis en l'eftat de Greffier fi premier par deü examen il ne foit trouvé ca-pable, & verfé en praticque, d'extraction honnefte, & de bonnes mœurs,

I I.

Sera tenu d'exercer la Greffs en perfonne, affifté fi bon luy femble de quelque Clerc, capable, lequel fera approuvé par la Cour, & fermenté de ne receler à aucuns les fecrets de Juftice, & pour les faits du-quel ledit Greffier fera refponfable.

I I I.

Sera tenu s'acquiter ledit Greffier de fa charge en toute fidelité, & affiduité, & expedier, ou faire def-

pefcher,

pefcher, toutes copies aux parties le mefme jour que par icelles requis en fera, ou fi pour urgente affaire, ou caufe pregnante il en eftoit empefché il les defpefchera ens trois jours enfuivants, & devra leurs faire delivrance de leurs dites copies, à peine de leurs r'enfoncer defpens.

I V.

Que fi par la faulte du Greffier, ou Clerc d'iceluy, parties eftoient intereflées, pour n'avoir en temps recouvrées leurs copies, ledit Greffier en fera recherchable.

V.

Le Greffier qui exigera des parties d'avantage que ne portent fes droits taxez, & declarez par les prefentes, ou qui fe fera payer aucunes copies qu'il n'auroit delivrées foubs pretext de plus briefve expedition, outre la reftitution, fera amendable pour la premiere fois de deux florins monnoye courfable, laquelle peine doublera en cas de refcheute, & pour la troifiefme fera privé de fon eftat.

V I.

Et le Clerc qui fera trouvé en telle faulte puny arbitrairement, & debouté du fervice.

V I I.

Le Greffier de la Cour fouveraine tiendra quatre regiftres divers, l'un pour les plaidoyer, l'autre pour

les

les sentences, & advis rendus collegiallement par la Cour, l'autre pour tous transports, & œuvres de loix, & autres acts volontairs, & le quart pour tout ce qui concerne les Seigneuries, & fiefs du Duché, les reliefs, droits de denombrement, & franchises, qui pourroient à iceux appartenir.

V I I I.

Lesquels Registres avec tous autres papiers concernans les faits de la Cour, & secrets d'icelle, seront r'enserrez en un coffre particulierement, bien serré, & asseuré, duquel il y aura deux clefs diverses, l'une gardée par le plus vieil des Jugeurs, & l'autre par le Greffier, & ne pourront aller sinon leurs deux ensemble, & le Prevost sus-appellé.

I X.

Avant passer par la Cour aucun transport, ou œuvres de loix, ou autres acts volontairs, le Greffier en fera minute comme luy sera declaré par les parties, & les ayant à l'instant enregistré, les fera soubsigner par icelles, y joignant sa signature, & nom, lequel act sera releu à Messieurs, presentes les parties, & les œuvres, & transports se passeront selon l'ancienne coustume.

X.

Le Greffier pourra pendant procès rendre aux parties requerantes leurs tiltres, & documens, en rete-

B

nant

nant copies authenticques à leurs depens, ne fuſt que la foy deſdits tiltres fut par contre-partie ramenée en doubte, & prendra ledit Greffier recepiſſe d'i-celles, qui contiendra obligation de les relivrer en cas qu'ils ſoient ſemonds d'en faire reproduction à la Cour.

X I.

Sera auſſi ledit Greffier tenu repreſenter au Juge les procès, pour eſtre decidez huict jours après la con-cluſion en cauſe de part, & d'aultre prinſe, ou plu-toſt ſi faire ſe peut, & annotera le jour qu'il les aura preſenté.

X I I.

Se gardera toutes-fois de faire preſentation d'i-ceux, qu'au preallable ils ne ſoient entierement mis en ordre, ſelon le contenu de l'inventair exhibé par les facteurs, & procureurs des parties, qui ſeront te-nu le fournir aux greffs dans tiers jours après la con-cluſion prinſe, à peine de dix patars d'amende, leſ-quels ils ſoubſigneront, & ne ſeront leſdits procès reçeus au bureau ſans leſdits inventairs.

X I I L

Ne permettra aucune piece de nouveau eſtre ad-jouſtée au deſceu de Juſtice, & partie, laquelle n'euſt auparavant eſté exhibée, à peine d'un florin d'or d'a-mende,

mende, tant au Greffier le permettant, qu'au Procureur luy fourant.

XIV.

Ne s'entremesleront aussi les Greffiers d'informer, ou addresser en aucune maniere les parties, ou leurs facteurs, à peine pour la premiere fois d'estre suspensez de l'exercice de leurs estats pour l'espace de trois mois, la seconde de demy an, & la tierce d'en estre privez.

XV.

Le Greffier attaint & convaincu de fausseté, sera privé de son estat, sans espoir d'aucune grace.

DES SERGEANTS.
CHAPITRE III.

ARTICLE PREMIER.

NE sera aucun reçeu en l'estat de Sergeanterie estant chargé de cas important infamie, ou famé d'estre coustumier d'user de mensonge, & faux rapport.

II.

Sergeants en leurs establissement feront serment de fidellement, & diligemment exercer leurs offices, de n'escrire, rapporter, ou attester aucun exploit autrement qu'ils ne l'auroient fait, & exploicté, & de ne receler, ou differer iceux par aucune faveur ou dissimulation, à peine de privation d'office.

III.

Ne feront aucune exaction, en prennant des parties d'avantage que leurs salaires ordinaires, à peine pour la premiere fois d'estre suspensez de l'exercice de leurs estats pour l'espace de trois mois, pour la seconde d'un an, & pour la troisiesme d'en estre privez, & punis arbitrairement, outre la restitution qu'ils seront tenus de faire.

IV.

Est deffendu aux Sergeants de faire le premier exploict pour intenter action, sans ordonnance signée du Prevost, ou du Mayeur, & en absence d'iceux, d'un membre de Justice, à peine de nullité, & feront relation de leurs exploicts.

V.

A laquelle relation sera adjoustée foy, en ce qui concerne son exploict.

VI.

Les Sergeants faisans leurs exploicts tiendront en main une verge, & n'exploiteront sinon en presence d'un resmoin, s'ils sont en lieu, où commodement ils en puissent recouvrer, & ce à peine de nullité és matieres esquelles partie pourroit obtenir sur un

seul

seul deffaut ses fins, & conclusions.

VII.

Pour arrester personnes, chevaux, saisir marchandise, ou autres meubles, devra le Sergeant exploictant
les toucher de sa verge, declarant que de l'authorité
du Prince, & à la requeste de N. N. il les arreste, &
saisit, faisant commandement aux personnes arrestées
de le suivre, & feront sçavoir la saisie desdits biens
aux maistres, ou possesseurs d'iceux, en cas qu'ils ne
soient presens, le tout à peine de nullité.

VIII.

Sera le debvoir des Sergeants d'assembler la Cour,
lors qu'ils en seront requis, ou leur sera enjoint par le
Prevost, ou quelque homme de Justice.

IX.

Ne departiront de l'assemblée sinon de la licence
de la Cour, à peine pour chacune fois d'une amende
de cinq patars.

X.

Devront aussi recepvoir les sportulles, & droits
de Cour, avec toutes namptes qui se feront, ne soit
que pour certaines raisons il en fust autrement ordonné, sans toutes-fois qu'ils en soient chargez que
comme simples depositairs, pour en rendre comptes
& reliqua.

XI.

X I.

Le franc Sergeant aura certains substituez sermentez par la Cour, sçachans lire, & escrire, lesquels pourront exploicter en son absence, & lors qu'il n'y pourra vaquer seulement.

DES PROCUREURS.
CHAPITRE IV.
ARTICLE PREMIER.

LE nombre des Procureurs de la Cour Souveraine sera de quatre, & devra estre enregistrée pertinemment au Registre de ladite Cour la reception d'iceux dits Procureurs, avec apposition d'an & jour.

I I.

Devront iceux estre admis par Messieurs de ladite Cour, après deuë examen de leur experience, & capacité en praticque, & inquisition faicte de leur vie, & extraction, & qu'ils auront presté le serment.

I I I.

Devant & en laquelle admission devront jurer és mains du Prevost, presente la Cour, d'estre fideles & leaux à leur Prince, de ne deroger jamais, ou conseiller aux parties plaidantes estre derogé en aucune façon, directement ou indirectement à sa jurisdiction

& de

& de sa Cour Souveraine, & que des sentences données par icelle, ils n'en rechercheront reformation,
sinon par recours à leur Prince, & voye ordinaire &
prescripte par les presentes.

IV.

Est deffendu à un chacun, & à tous, de ne se presenter pour postuler pardevant Messieurs de ladite
Cour Souveraine, qu'il ne soit (comme est predit)
deüement reçeu, & authorisé, ne fust la partie mesme
en sa propre cause, à peine de sept patars pour chacune fois, outre la nullité du proposé.

V.

Aucun Procureur ne devra temerairement intenter
action sur leger subjet, pour molester, ou bien faire
venir en composition les parties, à peine d'estre mul-
cté extraordinairement, selon la gravité du fait, à
l'arbitrage de la Cour.

VI.

Devront lesdits Procureurs estant requis des parties, passer le serment de calomnie, tant devant la
litis-contestation, qu'après icelle.

VII.

Se pourra aussi demander par les parties respectivement, le serment de malice en toutes les parties du
procès, specialement s'icelles doubtent que contre-
partie n'allegue malicieusement quelque chose.

VIII.

VIII.

Procureurs ne feront reçeus à plaider la cauſe d'aucun, en agiſſant, ou deffendant ſans eſtre preallablement fondez de procuration legitimement paſ-
ſée, ſinon ſoubs promeſſe de rato, faiſant au premier terme ſuivant s'advoüer par la partie pour laquelle ils auront plaidé, A peine d'eſtre tenus aux
fraix de la journée, & de tous autres intereſts de partie.

IX.

Un Seigneur qui a terre, & juriſdiction, peut
vaillablement conſtituer Procureur ſoubs ſon ſeel,
ou cachet, comme ſemblablement les Convents,
Colleges & Communautez, qui ont ſeels propres &
particuliers.

X.

Les Procureurs devront eſtre preſens à l'auditoir,
tous les jours des plaids ordinaires, depuis les neuf
heures du matin, juſques aux douze, ou à tout le
moins auſſi long temps que toutes les cauſes qu'ils
deduiſent ſoient eſté par le Greffier appellées ; lequel ſelon l'ordre de ſon Regiſtre les devra à haulte
voix appeller, à peine que s'ils ne comparent de ne
pouvoir eſtre pour ce jour ouys qu'ils ne payent pour
amende cinq patars & demy, qu'ils ſeront tenus
preſtement conſigner entre les mains du Greffier, à

faulte

faulte de quoy demeurent les fraix de Justice, & interefts de partie à la charge defdits Procureurs.

X I.

Si au jour affigné par adjournement ou autrement fervant, lefdits Procureurs ne comparent, ou bien manquent d'exhiber leurs demandes ou autres acts retenus de fervir, ils feront à l'inftant par le Prevoft condamnez aux defpens, & interefts envers partie, & ne pourront obtenir autre adjournement de l'officier, s'ils n'y ont premier réellement fatisfait, & qu'il en apparoift, ne fuft que fur le champ ils alleguaffent & fiffent paroiftre d'excufe legitime, & recevable.

X I I.

Le Procureur qui fera trouvé par fa coulpe ou negligence, avoir dilayé & retardé le procès, ou bien laiffé tomber fa partie en quelques fraix, & dommages, fera tenu les reftituer du fien propre.

X I I I.

S'il a temerairement efmeu quelque incident acceffoire, ou autre queftion impertinente, fera condamné en fon pur & privé nom aux defpens fouftenus par tel incidens.

X I V.

Le Procureur fans charge fpecialle, ne pourra recevoir aucune chofe pour, & au nom de fon client.

C

X V.

XV.

Autrement sera tenu le restituer promptement,
ou luy interdit de postuler jusques à pleine & entiere satisfaction, tant du reçeu, que des interests, &
despens ensuivis à ceste occasion, & seront ses biens,
tant meubles, qu'immeubles à cest effect saisis, &
sans autre forme de procés annotez, & de l'authorité
de Justice vendus & subhastez, après un seul terme
de huictaisne, jusques à satisfaction complette.

XVI.

En fait criminel, criminellement intenté, un Procureur n'est reçeu pour les accusez, sinon pour une
Communauté, ou bien après publication d'enqueste,
pour la descharge, & justification de l'accusé.

XVII.

Procureur qui aura en jugement par parolles ou
escrits injurié sa contre-partie, en cas qu'il soit des-
advoüé de son client, devra estre sur le champ condamné à une amende de trois florins, & à reparation
condigne.

XVIII.

Les Procureurs se presenteront devant Justice so-
bres, & en modeste contenance, que si aucun d'iceux
s'ingere d'entrer à l'auditoire, & illec haranguer, presente la Cour, estant beu, ou troublé, & qu'on puisse
recognoistre tel n'estre de sens rassis, & entier, il sera

ra par la Cour suspensé pour la premiere sois de son estat, pour l'espace de demy an, pour la seconde d'un an entier, & pour la tierce en sera privé & declaré inhabil.

XIX.

Finablement est deffendu serieusement à tous Justiciers & Procureurs du Duché, de ne se transporter aux tavernes avec les parties plaidantes, & y boire ou banquetter, surchargeant les subjects de fraix & despens, à peines telles, qu'elles sont comminées par l'article precedent.

DU PROCUREUR GENERAL.

CHAPITRE V.

ARTICLE PREMIER.

LE Procureur General de son Alteze Ser.^{me} Duc de Boüillon, ne pourra intenter procès contre aucun, soit civillement, soit criminellement, sans bon advis, ou information precedente, ne sust-ce pour faits & excés de soy-mesmes notoirs, afin que les subjets ne soient calomnieusement pour chose legere inquietez. Autrement pourra estre ledit General prins à partie comme privé, & tenu és dommages & interests, en son pur & privé nom.

I I.

Pour adjonction par laquelle ledit General ne se portera que pour confort du requerant (en cas que le conforté succombe) ledit Procureur ne sera tenu à aucuns despens. Autre chose seroit-ce s'il se portoit comme, & pour partie principale.

I I I.

Il ne devra aussi estre present és recollemens & confrontations des tesmoins ouys contre les chargez, & accusez, bien és examen & questions rigoureuses.

I V.

Le Procureur General aura bon, & soigneux regard, que les droits, authorité, & jurisdiction de son Alteze, Duc de Bouillon, soient maintenuës & conservées, aussi que tous Officiers, Justiciers, & ministres de Justice facent leur devoir, & ce manquant, qu'il ait d'intervenir, prendre les parsuites des causes à soy, tant pour le chastoy des meschans, que protection des subjects qui seroient injustement grevez & oppressez; & afin qu'il s'acquitte autant mieux de son devoir, il sera en la particuliere protection de son Alteze.

DES

DES JURISDICTIONS.
CHAPITRE VI.
ARTICLE PREMIER.

LEs Bourgeois, & Surceans du Duché de Boüil-lon, devront estre convenus en premiere in-stance pardevant les Justices de leurs domiciles, sauf pour cas reservez, ou bien en lieu, & cas esquels prevention auroit lieu.

I I.

Les cas desquels la cognoissance immediate appar-tient à la Cour Souveraine. Sont les crimes de leze Majesté humaine, comme de faussé monnoye, as-semblée contre l'estat, la patrie, infraction de sauve-garde, imposition de tailles soubs l'authorité du Prince, s'il s'en meut quelque different, & sembla-bles, comme aussi des causes qui se meuvent pour le droit du Prince, ou ses regaulx.

I I I.

Item les causes des Paires du Duché, des Seigneurs vassaux, & fiefvez, touchant les terres tenuës en pai-ries, Seigneuries, & fiefs & aussi pour les droits, fran-chises, & dependances d'icelles.

C 3

I V.

I V.

Item les cauſes eſquelles les Communautez feroient partie, ou que les Iuſtices ſubalternes, & inferieures, ou le plus grand nombre des perſonnes du corps d'icelles, pourroient legitimement eſtre debatuës.

V.

Toutes leſquelles pourroient en premiere inſtance eſtre introduites pardevant la Cour Souveraine, ſauf toutesfois les droits des Vaſſaux & S.^{rs} qui ont juriſdiction, & droit de coërcition ſur leurs ſubjets, & delinquans ſoubs le deſtrict de leurs Seigneuries.

V I.

Les ſurceaus d'un lieu commettant quelques exceés ou crime ſoubs autre juriſdiction, ſeront chaſtiez par leurs Seigneurs propres, ou Officier prevenans.

V I I.

Pourveu que ledit Seigneur ou Officier en attende le jugement de la Iuſtice, ſoubs le deſtrict de laquelle l'exceés ou crime a eſté perpetré.

V I I I.

Celuy qui aura eſté chaſtié par Iuſtice pour quelque ſien meſus, n'en pourra eſtre derechef recherché: mais luy pourra eſtre objetté pour aggraver un ſecond crime auquel il ſeroit reſcheu.

I X.

I X.

Et payera le Seigneur, ou Officier, faisant telle vaine poursuite, les despens, & interests du recherché, pourveu toutesfois qu'iceux ne fussent ignorans de tel premier, & judiciel chastoy.

X.

Les contre-venans aux Ordonnances du Prince, seront chastiez des peines comminées en icelles par leurs Seigneurs Hauts Justiciers, ou par ceux qui d'ancienneté ont droit de recevoir les amendes.

X I.

Reservé lors que les Surceans du Duché seront assemblez en armes, & soubs le drapeau de leurs Capitaines, & que le mesus depende du service d'armes seulement, esquels cas seront chastiez par leursdits Capitaines, conformement aux ordonnances militaires.

X I I.

Les Justices constituées en fief, qui n'ont que basse jurisdiction, pourront seulement cognoistre des fonds, & limittes d'entre grands chemins, & de chacun heritage.

X I I I.

Les Justices recevront la pleine & entiere instrution des causes personnelles, tant criminelles que civiles, réelles & mixtes, jusques à conclusion en

cause

cauſe incluſivement, après laquelle devront incontinent envoyer leſdits procès pleinement inſtruits à la Cour Souveraine, pour d'icelle obtenir rencharge, ſans laquelle elles ne s'ingereront d'en juger, ſoit diffinitivement, ou incidement, exceptées celles qui ont droit de ce faire ſans rencharge.

XIV.

Quant eſt des Juſtices des quatre Mairies du Duché, elles pourront ſemblablement recevoir l'inſtruction des cauſes perſonnelles, réelles, & mixtes des perſonnes & choſes mouvantes de leurs juriſdictions, juſques à concluſion en cauſe incluſivement, & exhibition des motifs de droit.

XV.

Quoy advenu devront envoyer leſdits procès clos, & fermez audit Juge Souverain, pour en obtenir rencharge, qui ne pourra recevoir audit procès aucun eſcrit, ains devra rencharger hors des pacquets luy apportez, leſquels pacquets devront eſtre renvoyez à ladite Cour baſſe, ſi la rencharge n'eſt que pour incident.

XVI.

Laquelle rencharge devront hors-porter avant trois jours après la reception d'icelle, à peine de trois florins d'amende.

XVII.

XVII.

Sauf que ladite Cour recognoiſſant quelque er-
reur en la deſcription, ou examen des teſmoins oüys
eſdites cauſes, elle pourra ordonner recollement des
teſmoins pardevant icelle ; afin que le faict eſtant
pertinemment diſcuté, le jugement enſuive plus aſ-
ſeuré.

XVIII.

Et quant aux cauſes deſquelles le principal n'excedera trois florins leſdites hautes Juſtices, & les quatre Mairies en pourront, & devront cognoiſtre, &
decider ſommairement à un ſeul jour, ſi faire ſe peut,
ou pour le plus à deux, ſans admettre, ny recevoir
en icelles aucun Procureur.

DES ARBITRES ET AMIABLES COMPOSITEURS.

CHAPITRE VII.

ARTICLE PREMIER.

LEs cauſes intentées, & litis-conteſtées pardevant la Juſtice ordinaire, pourront eſtre remi-
ſes en arbitrage, ou au dire des amiables compoſi-
teurs, ſelon le compromis, & ſoubmiſſion que les
parties en paſſeront.

I I.

Sentences renduës par Arbitres, n'emporteront aucune infamie aux condamnez par icelles.

I I I.

La partie appellante de ladite sentence arbitraire, ne pourra relever son appel, si premierement il n'a nampty, & consigné la peine portée par ladite sentence, ou laudum arbitraire, sans aucun espoir de la pouvoir repeter, bien que la sentence fust du tout, ou en partie reformée.

I V.

Les Arbitres qui ont accepté l'arbitrage peuvent estre constraint par le Juge à proceder au jugement de la cause, en cas qu'ils en fussent dilayans.

V.

Où il y aura plusieurs arbitres ils ne pourront les uns à l'absence des autres rien exploicter, sinon du consentement des parties.

V I.

Les sentences des Arbitres, desquelles ne sera appellé, seront mises promptement en duë execution soubs l'authorité de Justice, à la requeste de partie, après qu'icelles seront esté emologuées par la Cour Souveraine.

V I I.

Et en cas d'appel, en baillant caution suffisante

par

par l'appellé, sera ladite sentence pour le principal mise en execution, sans prejudice dudit appel.

MANIERE DE PROCEDER,
tant pardevant la Cour Souveraine
qu'autres Subalternes.
CHAPITRE VIII.

ARTICLE PREMIER.

CEluy qui pretend tirer aucun en jugement pour cause excedante trois florins, faut que preallablement il obtienne à ceste fin congé du Prevost, qui pourra quand la cause n'excedera trois florins, avant l'octroy diceluy faire appeller la contre-partie, & les ouyr sommairement, en l'absence des Procureurs, & appointer, sinon, accorder ledit congé.

II.

Sera telle ordonnance, ou decré donné par apostille, sur requeste à ceste fin presentée audit Prevost, & signée d'iceluy.

III.

Contiendra telle requeste les causes de l'adjournement requis, qui sera declaré au Sergeant, ou huissier de la Cour, pour selon icelles faire son exploict, & assigner jour, & heure competente.

D 2

IV.

I V.

Adjournement se fera par affichement de billet, aux extremitez des jurisdictions, contre les coustumiers à faire outrage aux Sergeants, contre fugitifs, ou latitans, après deüe information du fait.

V.

Le mesme se fera par ceux qui se voudront porter heritiers de quelque defunct par benefice d'inventaire, qu'ils auront obtenu du Souverain, afin que tous crediteurs, & pretendans interests en soient certiorez.

V I.

Adjournement se fera à verge contre ceux qui auront perpetré quelque leger mesus, ou abus, pour en poursuivre l'amende lors qu'iceux seront demeurans soubs autre ban, & Seigneurie.

V I I.

Duquel adjournement pourront estre advertis par lettres, ou autres simples messages, qui suffira pour estre contre eux procedé.

V I I I.

Adjournement avec intimation se fera pour veoir proceder sur complainte en cas de nouvelleté veoir conclurre, & garnir la main de la somme portée en l'obligation authentique, & judicielle.

I X.

Item pour veoir proceder à adjudication de provision

vision d'alimens, & medicamens pour un blessé, pour recognoistre sa signature sur scedulle, comme pour veoir créer tuteur, & jurer tesmoins.

X.

Le profit du defaut sera qu'en contumace de la partie, le Juge procedera à la requisition de partie comparante, au decré de la provision sur les faicts, prespecifiez.

X I.

Parties non domiciliées, seront tenuës d'eslire & denommer domicile és lieux où les procès seront meüs, & pendans, & les estrangers n'ayans biens réels en ce Duché livreront caution solvable, judicio sisti, & judicatum solvi, ou pour le moins juratoire, ayant au preallable fait diligence d'en recouvrer d'autre, de quoy ils s'expurgeront par serment.

X I I.

Si l'adjourné en action personnelle ne compare, le demandeur estranger se pourra deporter de l'instance, s'il le treuve bon, & le faire de nouveau convenir par devant autre Juge: Ce qu'il ne pourroit faire si l'adjourné avoit comparu, & litis-contesté.

X I I I.

L'adjournement se devra faire à la personne, ou à son domicile, avec injonction aux domestiques, ou voisins de le faire sçavoir à l'adjourné.

D 3   XIV.

X I V.

Le Sergeant laiſſera copie de ſon adjournement authentiquée de ſon nom, & ſigne à la partie, ſes domeſtiques, ou voiſins, ou bien l'affichera à la porte de l'adjourné, & ſans que ledit Sergeant en doive, ou puiſſe exiger autre ſalaire que de ſon voyage ordinaire.

X V.

La partie adjournée devra comparoiſtre au jour aſſigné par l'exploict d'adjournement, en perſonne, ou par Procureur, & reſpondre au meſme jour à la demande de l'acteur, reprinſe audit libel d'adjournement, s'il n'a raiſon qui legitimement l'en excuſe.

X V I.

Si l'adjourné ne compare, du moins par Procureur conſtitué, ſera pour profit du premier defaut deſcheu des exceptions declinatoires, pour le ſecond des dilatoires, & pour le troiſieſme des peremptoires, & ſera contre luy decreté le quart adjournement, avec intimation, que s'il compare ou non, ſera procedé ſelon droit, & raiſon.

X V I I.

Iceluy ne comparant au terme quatrieſme, & de grace luy prefigé, l'acteur ſera admis à verifier le fait poſé en ſa demande.

X V I I I.

XVIII.

Pour voir jurer tesmoins, produire tiltres, exhiber conclusions, y servir de reproche & contredit, l'impetrant defaillant sera adjourné.

XIX.

Si tel adjourné ne compare, & qu'il soit par partie adverse accusé de contumace, sera (ladite partie requerante) donné decré de forclusion, & sera fait droit à l'acteur sur ses demandes, fins, & conclusions.

XX.

Si iceluy donne parition au quatriesme adjournement, il sera ouy, renfonçant les loiaux fraix des trois defauts contre luy decretez.

XXI.

Si l'acteur n'a legitimement verifié le contenu de sa demande, le defendeur, ores que contumax, doit estre absoult des fins, & conclusions contre luy prinses.

XXII.

La partie qui aura comparu personnellement, ou par Procureur, ne sera reçeuë à exciper de nullité d'adjournement, estant l'adjournement suffisamment validé par sa comparition.

XXIII.

Les causes provisionelles, comme d'alimens, medicamens,

dicamens, doüaire, taxe de defpens, execution de
fentence, d'obligation, contract authentique, fce-
dulle, emologation des fentences d'Arbitres, rein-
tegration, appretiation de meubles ou immeubles,
& autres femblables, feront promptement vuidées,
& decidées en vertu d'un feul defaut fans radjourne-
ment.

<h3 align="center">X X I V.</h3>

Pour recognoiffance de fcedulles, defquelles
oftenfion, & lecture en fera par le Sergeant exploi-
teur de l'adjournement, faite à l'adjourné perfonnellement, icelles feront tenuës pour confeffées en
vertu d'un feul defaut.

<h3 align="center">X X V.</h3>

Sera decreté provifionellement au demandeur namp-
tiffement réel des fommes y contenuës, moyennant
caution, fauf au debteur de pouvoir alleguer, & verifier le payement.

<h3 align="center">X X V I.</h3>

Celuy qui fera fpolié de la poffeffion de laquelle
il auroit joüy an, & jour paifiblement, fera avant
tout reftitué.

<h3 align="center">X X V I I.</h3>

Ne fera procedé au petitoir, que premierement
le turbateur n'ait entierement, & réellement fourny au decré & fentence contre luy donnée, tant

pour

pour le principal, que pour les dommages, & interests adjugez au possessoir.

XXVIII.

Si l'acteur ne compare au jour de l'assignation premiere, du moins par Procureur, sera decreté au defendeur congé de Cour, & sera absoult de l'instance
commencée avec despens que l'impetrant sera tenu
expurger, avant que d'estre ouy en Justice.

XXIX.

Ne seront donnez dilays avant contestation en
cause, sinon pour sommer garand, s'il est de l'adjourné requis : Comme aussi pour faire monstre,
& veüe de lieu, à quel effect se donnera un seul
dilay.

XXX.

L'acteur qui sera admis à verifier le contenu de sa
demande, aura deux termes de quinzaine consecu-
tifs seulement, pour produire tiltres, & tesmoins,
lesquels escoulez il sera renonciation à preuve, afin
estre l'intimé admis à alliger.

XXXI.

Ne fust que pour la qualité du fait, & d'istance
des lieux & autres bonnes considerations, soit trouvé par la Justice raisonable d'advancer telle quinzaine ou la prolonger, lesquels termes expirez l'acteur
negligent en sera forclo.

E　　　　　XXXII.

XXXII.

Le mesme sera du defendeur, en cas que negation luy soit faicte sur les defences, & exceptions soubs les mesmes peines.

XXXIII.

Et à chacun d'iceux, un autre, & seul dilay sera consecutivement limité pour repliquer, & dupliquer, servir de reproches & contredits, ou solution, respectivement & non plus.

XXXIV.

Lesquels expirez, sera ordonné un seul, & dernier dilay de huictaisne aux parties, pour conclurre, estant chacune d'icelles forclose d'ulterieure production, si à ce ne sont admises par speciale ordonnance de Justice, avec cognoissance de cause, l'autre partie sur ce ouye, & ce aux fraix du requerant.

XXXV.

Les parties se pourront faire interroger l'une l'autre sur articles pertinens, tirez de leurs escrits, & pourra le Juge d'office leur faire telle interrogation, qu'il iugera expedier pour l'esclaircissement de la cause.

XXXVI.

Aussi pourront lesdites parties respectivement en leur production exhiber interrogatoires, pour sur iceux faire interroger les tesmoins produits.

XXXVII.

XXXVII.

Ceux qui auront posé , & articulé calomnieusement aucuns faicts faux aux escrits & pieces du procès , seront mulctez envers les S.ʳˢ d'une amende de
trois florins.

XXXVIII.

De mesme ceux qui auront denié aucuns faicts
malicieusement, qu'ils auront sçeu veritables posez
& articulez au procès.

XXXIX.

Lesquels ils payeront promptement après en estre
convaincus, à peine de réelle execution.

XL.

En matiere pure personnelle , & pour chose legere,
les parties comparoistront en personne à la premiere
assignation , pour estre ouyes d'offices par le Juge
si elles n'ont excuses legitimes de leurs absences.

XLI.

Et en cause intentée par le Procureur General , pour
amendes n'excedantes trois florins , afin souslever les
subjects de fraix excessifs qui se pourroient engen-
drer , ledit Procureur devra faire adjourner promptement l'amendable , pardevant la Cour Souveraine,
pour en un seul jour faire estimer , & juger ladite
amende , ne luy estant permis trainer pour tel leger
sujet longue procedure.

E 2

XLII.

XLII.

Si le fait requiert preuve par tesmoins, ou autrement, leurs sera assigné un seul dilay de huictaisne, pour produire tesmoins, y servir de reproches, & au mesme jour, si possible est, ouyr sentence.

XLIII.

Sur enqueste pour faits civils, les parties seront adjournées, & intimées, pour veoir produire, & jurer tesmoins, à peine de nullité, & sera sur un seul defaut passé oultre en la production, & examen des tesmoins.

XLIV.

Si les parties, ou l'une d'icelle estoit de Iointain pays, & qu'il soit question de fait de petite importance, leurs seront octroyez commissaires en leurs lieux de demeurances, pour pardevant iceux faire leursdites enquestes à moindre fraix.

XLV.

Ce qui sera signifié à la partie pour convenir, & accorder des personnes à commettre, sinon y sera pourveu par la Cour.

XLVI.

Les Commissaires, & adjoints, seront tenus prester le serment de ne reveler aucune chose des secrets desdites enquestes, n'est qu'ils fussent hommes constituez en dignité ou estat de judicature.

XLVII.

XLVII.

Le pere & le fils, les freres & nepveux, avec l'on-
cle, ne pourront estre constituez ensemble commissaires, & adjoints pour faire enqueste, bien que les
parties y consentissent.

XLVIII.

Les commis à l'examen des tesmoins les devront
exactement interroger chacun à part, sur la cause de
leur science, & circonstances qui pourroient toucher
le fait dont seroit question, & icelles exactement &
fidelement rediger par escrit, en terme les plus clairs,
& expressives que possible sera.

XLIX.

Ils ne devront abreger les depositions de tesmoins
en semblables formes ou termes (accorde à l'article)
(accorde avec le precedent tesmoin) ains les couche-
ront tout au long, selon qu'en auront deposé lesdits
tesmoins, tant à charge qu'à descharge : Autrement
telle enqueste sera declarée nulle, & les despens d'i-
celle restituez à partie, oultre l'interest qu'elle en auroit souffert.

L.

Et seront les tesmoins derechef examinez aux fraix,
& despens, tant desdits examinateurs, que du Greffier qui aura si impertinement escrit.

E 3

LI.

L I.

Les noms des Commis, adjoints, & Greffier, qui auront vacqué à l'examen, seront annotez, & mis en teste de l'enqueste, & la soubsigneront au pied d'icelle.

L I I.

Semblablement chacun tesmoin soubsignera sa deposition après qu'il luy sera esté releüe.

L I I I.

Pour faciliter tel examen, les Procureurs donneront à chacun tesmoin eticquet designatoire des articles sur lesquels ils devront estre examinez, lesquels eticquets devront estre attachez par le Greffier, à la piece contenante les articles interrogatoriaux.

L I V.

Pour chacune reproche calomnieuse, & injurieuse, le reprochant sera condamné à une amende de trois florins vers le Seigneur.

L V.

Le tesmoin manquant de comparoistre pour deposer au jour, & heure luy assignez par son adjournement, ou du moins à la seconde assignation (n'est qu'il fust empesché par maladie, ou autre cause legitime) sera tenu restituer à la partie produisante les fraix & interests qu'elle en aura reçeus.

L V I.

LVI.

Les tesmoignages seront d'oresnavant publiez aux parties ce requerantes, pour servir de debats & exceptions telles qu'elles trouveront convenir, & les tesmoins, comme aussi la partie sont en la Sauvegarde de S. A. Duc de Boüillon, & si la partie contre laquelle ils seroient produicts, ou autre par elle suscité venoit à les outrager, elle l'amendera arbitrairement en toute rigueur de Justice, tant honnorablement, que profitablement envers le Seigneur & offensé.

LVII.

Les acts, & documens exhibez par l'une, ou l'autre partie ayant forme probante, seront tenus pour authentiques, n'est qu'avant conclusion en cause ils soient impugnez.

LVIII.

Sera annoté à quelle fin, & probation de quel article, tels acts seront exhibez par l'inventaire, afin soulager en ce le labeur du Juge.

LIX.

Les parties seront signifiées pour ouyr droit, en cas que par decré, ou autrement le terme ne serviroit à ce, autrement sera la sentence subjecte à nullité.

DES.

DES FINS ET EXCEPTIONS
de non recevoir.

CHAPITRE IX.

ARTICLE PREMIER.

LEs exceptions declinatoires, dilatoires, & autres peremptoires, tendantes à empescher cognoissance de cause, & poursuite du fait entamé, se devront proposer avant litis-contestation.

II.

Seront lesdites exceptions advisées par la Justice, pour decreter sur icelles, afin que si elles sont trouvées irrelevantes, le Juge ex officio les rejette, & si admissibles, il les vuide avant discussion du principal, appointant si faire se peut les parties.

III.

Recusations se devront proposer avant litis-contestation, comme dessus, autrement la partie en sera deboutée, sinon en affermant par serment que les moyens, & causes d'icelles seroient de nouveau venuës en la cognoissance du recusant, & qu'il ne les propose calomnieusement.

IV.

Si lesdits moyens & causes sont trouvées legitimes,

mes, sera baillé un seul dilay de huictaisne, pour les verifier, lequel expiré en sera le proposant debouté,

V.

Nul devra estre constraint respondre en jugement à pupils, mineurs, femmes mariées, ou Religieux intervenans en cause, s'ils ne sont authorisez de leurs tuteurs, mambours, maris, ou superieurs.

V I.

Si quelqu'un excipe de litis-pendence entre luy & sa partie, pour mesme faict, & pardevant mesme Juge, ou autre, & qu'il le verifie, il sera renvoyé absoult de l'instance, & luy seront adjugez despens, & interests.

V I I.

Les droits & salaires des Procureurs, & autres, servans à l'administration de Justice, ne se pourront demander six mois après l'horsport de la sentence, ne soit que les parties s'en ayent constituées debteurs par scedule.

V I I I.

Les heritages chargez de rente, ne pourront estre saisis par faulte de payement que pour le canon de la derniere année seulement. Et ne pourront les rentiers poursuivre personnellement ceux qu'ont possedé leurs hipotecques, que pour arrierages de trois precedentes

cedentes années, outre celle pour laquelle saisie seroit esté faicte, ou instituée.

I X.

Compensation ne sera reçeuë sinon liquidi ad liquidum, c'est à dire des deux debtes prouvées, ou confessées, ou qui facillement & sommairement se peuvent prouver.

X.

Les hostellains peuvent retenir les chevaux, & autres meubles pour despens, comme locateur, les meubles de celuy auquel il auroit louée sa maison, & la chose à l'endroit de laquelle il auroit emplié son industrie, & labeur si on ne le paye.

X I.

Peut aussi le Seigneur direct retenir les meubles de son Colon, s'il ne satisfait pour sa ferme, se voulant departir de la Cense, ou metairie.

X I I.

Il est permis à celuy qui est debteur, pour plusieurs causes, d'approprier le payement qu'il aura fait à la descharge, & acquit de telle qu'il trouvera pour soy plus profitable, pourveu que le crediteur ne preuve ledit payement avoir esté fait nommément & specifiquement, à l'acquit d'autre charge, & qu'il n'est par le debteur approprié.

DE

DE CEUX QUI PEUVENT
estre arrestez au corps.
CHAPITRE X.

ARTICLE PREMIER.

LEs Surceans du pays ne sont arrestables, n'est que notoirement ils soient rendus suspects de fuite, mais trompeurs & abuseurs de marchands, ou famez tels, n'ayant biens immeubles au pays, seront executables en leurs meubles, par saisie d'iceux, & de leur marchandise, à raison de laquelle la debte auroit esté creée, & non payée au terme prins, & assigné.

I I.

Nul pourra, ou devra estre aresté au corps, ou en ses biens és lieux des foires marchandes de cestuy Duché, & durant le temps d'icelles, ne fust pour marchandise, & contracts faits en icelles, mais chacun y sera franc, & libre, horsmis les criminels, & infracteurs des franchises d'icelles, nefust que les parties eussent specifiquement par leurs contracts renoncé à tel benefice de franchise.

I I I.

Les foires du Duché de Boüillon commencent pre-

mier

mier en la Ville de Boüillon, le Mardy après la Purification, la seconde le Mardy après la Pentecoste, & la troisiesme le Mardy après la S. Remy.

I V.

Au bourg & franchise de Palizeux, la premiere les Vendredy & Samedy après les festes de Pasques : la seconde la veille & le jour de la Division des Apostres : le quatorziesme & quinziesme de Juillet, la troisiesme la veille & le jour de Sainct Laurent, neufiesme & dixiesme d'Aoust : la quatriesme la veille & le jour de S. Lambert, la cinquiesme la veille & le jour de la feste de saincte Catherine, vingt-quatriesme & vingt-cinquiesme de Novembre : la sixiesme, le premier Vendredy, & Samedy de Caresme.

V.

Et en cas que lesdites festes eschoient és jours de Dimanches, & Lundy, icelles se tiendront les Mardy, & Mercredy immediatement les suivans.

V I.

Item au bourg de Jedine y a trois foires, la premiere la veille de nostre Dame au Mars, la seconde le Samedy après la feste du S. Sacrement, la derniere le second Samedy devant le Saint Luc.

V I I.

Les franchises des predites foires commenceront

la

la veille d'icelles à midy, & finiront le lendemain,
ou dernier jour d'icelles à Soleil ombrant.

V I I I.

Nulle femme pourra estre arrestée au corps, ny
faire arrester aucun, s'elle n'est marchande, ou s'elle
n'avoit elle mesme fait la debte, ou la creance respectivement.

I X.

Celuy entre les mains duquel est interposée saisie
sur aucuns biens, ou argent qu'il doit, ou a en sa puissance appartenans à un tiers debteur, sera tenu declarer pardevant Justice par expurgation de serment,
s'il en est requis, quels biens il a en sa puissance, &
la somme qu'il peut devoir.

X.

Et n'en pourra vuider ses mains jusques à ce qu'en
soit ordonné par la Justice, à peine d'amende envers
le Seigneur de soixante florins, & de restablir au sai-
sissant tous dommages, & interests. Si toutesfois
à l'exploict de l'arrest & saisie, deffence luy en a esté
faicte.

X I.

Et advenant que le poursuivant ait deüement verifié son credit, luy seront adjugez tels biens, &
levée d'argent, jusques à la concurrence de sondit
credit.

F 3　　　　　　X I I.

XII.

Qui aura fait arrester l'estranger, devra promptement verifier ses causes d'arrests, ou pour le moins à un seul terme competent, qui luy sera prefigé, eu esgard à la distance de leurs demeures, & qualité du faict, faute de quoy sera l'arresté eslargi, & l'arrestant condamné à tous les dommages, interests, & despens, à la taxe moderée de la Justice.

XIII.

Sentences des Juges forains passées en force de chose jugée, sur requisitoriales envoyées par iceux au Juge souverain du Duché seront executées, par le franc Sergeant dudit Juge souverain, à l'ordonnance de la Cour.

DES CONTRACTS.

CHAPITRE XI.

ARTICLE PREMIER.

TOus contracts devront estre faits du libre vouloir des contrahans, lesquels passez en leurs formalitez sortiront effect, n'estant licite à l'un y resilier sans le vouloir & consentement de l'autre, bien s'il y eust intervenu force, juste crainte, circonvention, ou lesion outre la moitié du juste prix, tels

con-

contracts seront declarez nuls , comme toutes peines y appolées.

I I.

Simples parolles , ou promeſſes inconſiderement faictes , ne ſeront obligatoires , ne ſoit qu'elles ſoient confirmées par ſtipulation que ſe devra faire , ou pardevant la Cour , ou deux teſmoins à ce ſpeciallement appellez.

I I I.

En alienation , & obligation d'immeubles , les contracts ne ſeront parfaicts pour y obliger les parties contrahantes , ſinon par operation des œuvres pardevant la Juſtice d'où le bien eſt mouvant , voire que ſi quelqu'un fuſt en poſſeſſion du bien aliené par l'eſpace de dix ans , telle poſſeſſion aura force de veſture , & operation , & pourra le lignager les dix ans eſcoulez , avoir l'an de retraict.

I V.

Mineurs ne pourront aliener leurs immeubles, ſans decré du Juge , authorité des Tuteurs , & cognoiſſance de cauſe , leſquels (en cas d'alienation durant leurs minoritez) leurs ſeront readjugez , & reſtituez ſans en rendre le prix , n'eſt qu'il ſoit eſté converti à leur profit , ou delivré à leur mambour qui en ſera recherchable , voire que le mineur eſtant marié ,ſera tenu qualifié , & mayeur d'ans.

V.

V.

Si toutesfois parvenu à majorité , usant de ses droits il declare judiciellement aggréer telle alienation , elle aura lieu comme ratiffiée en majorité.

V I.

La femme mariée ne pourra vaillablement sans le gré de son mary aliener son immeuble, sans estre expressement authorisée d'iceluy , comme aussi ne pourra contracter , n'est qu'elle fust marchande publique, & pour le faict de la marchandise, en quel cas sera tenu , & obligé le mary par le contract d'icelle.

V I I.

Fils, & filles de famille sont soubs la puissance du pere, jusques à ce qu'ils soient mariez, ou emancipez.

V I I I.

Le mary ne pourra vendre, ny autrement aliener le bien propre de sa femme, sans son libre, & exprès consentement, declaré devant Justice en l'operation des œuvres.

I X.

Paction d'Advocats , & Procureurs pro quotâ avec leurs cliens, ne seront vaillables, ains seront pour la premiere fois mulctez d'un escu d'or d'amende, &
pour

pour la seconde ou ltre duplication d'amende, seront suspensez pour un an de leurs fonctions, & pour la tierce fois, en seront privez, & declarez incapables, & à trois escus d'amende.

DES DONATIONS.
CHAPITRE XII.
ARTICLE PREMIER.

Donations indiscrettes universelles pour en frauder ses crediteurs, seront declarées nulles.

II.

Donations faictes par le pere, ou mere à leurs enfans seront subjectes à raport, afin d'observer esgalité entre iceux, sinon pour cause remuneratoire, laquelle se devra verifier par l'enfant donatair.

III.

Sont aussi prohibées, & deffenduës donations mutuelles entre gens mariez, sinon que n'ayant enfans legitimes, il leur sera permis disposer au profit l'un de l'autre, de leurs meubles, & acquestes immeubles, & de l'usufruict de leurs biens patrimoniaux seulement, pourveu que telle disposition se fasse parties estantes en bonne, & pleine cognoissance, & d'entier jugement.

G

IV.

I V.

Sera le survivant chargé de faire inventaire pertinent des tiltres, & heritages luy delaissez par le defunct en usufruict, & les mettre en garde de loy, pour estre iceux restituez aux proprietaires, ledit usufruict terminé, & finy.

V.

Donations ou alienations de biens, par ceux qui se trouveront non solvables vers leurs crediteurs, s'elles sont de tous, ou de la meilleure parte de leurs biens seront nulles, comme presumées faites in fraudem creditorum.

V I.

Comme aussi seront toutes largitions, & promesses faictes à personnes infames, & pour cause reprouvées par le droit commun.

V I I.

Sont aussi deffenduës donations d'anciens biens par le pere à ses enfans naturels & bastards.

V I I I.

Bien sera permis à tel pere, donner, ou legater à sesdits enfans naturels ses acquestes, meubles, ou somme de deniers hipotecquez sur immeubles, pourveu que telle donation ou legat ne soit excessive, ains à proportion de l'heredité.

I X.

I X.

Donations à cauſe de mort , ne ſortiront effect
qu'après le trepas du donateur , & ſeront revocables
juſques à la mort d'iceluy.

DES TESTAMENS ET
traictez de Mariage.

CHAPITRE XIII.
ARTICLE PREMIER.

EST permis aux peres, & meres, ſoit conjoinctement, ſoit diviſement, de repartir leurs biens à
leurs enfans par forme de Teſtament, ou autrement,
pourveu que notablement ils n'advancent l'un au prejudice de l'autre, & que la mieux-vaille de l'advancé
n'excede la valeur du quart de la portion de celuy qui
ſe trouvera avoir la part moindre.

I I.

Eſt auſſi libre à un chaſcun n'ayant enfant diſpoſer
de ſon bien , par derniere volonté pourveu que le
diſpoſant ſoit aagé de quatorze ans.

I I I.

Pour la validité d'un Teſtament ſuffira que le Te-
ſtateur, eſtant de ſain, & bon jugement, ayt declaré
ſa volonté derniere devant ſon Curé, ou Vicaire, ou

quel-

quelque homme de Justice, presens deux temoins
pour le moins, avec la signature du Testateur, ou
du Curé, ou du Vicaire, ou de l'homme de Justice.

I V.

Tous Testamens devront estre approuvez devant
les Justices des lieux, ou les biens testatez sont situez,
dans cinq ans après la mort du Testateur, comme
aussi tous contracts de mariage, autrement n'auront
force d'investiture des biens y testatez, & contractez,
pour y estre acquis droit, & en telle approbation, ou
emologation devront estre appellez ceux qu'y y
pourroient pretendre interest.

V.

Il n'est permis au mary d'aliener, ou obliger ses
heritages chargez de doüaire coustumier, ou conven-
tionnel au prejudice dudit doüaire, sans l'exprès consentement de sa femme.

V I.

Tous contracts de mariage, & Testamens faicts
au prejudice des enfans du premier lict, seront subjects à nullité.

V I I.

Biens laissez par defuncts ne se repartiront par, ou
entre les heritiers, & successeurs quels ils soient, avant
la celebration des exeques, & funerailles.

V I I I.

VIII.

L'aisné des heritiers ab intestat sera tenu faire repartition du bien delaissé par le defunct selon les lots, & sorts y jettez, autrement s'en fera partage selon le nombre des successeurs par personnes cognoissantes.

DES VENDITIONS ET ACHAPTS.

CHAPITRE XIV.

ARTICLE PREMIER.

LA clause d'eviction, ou garandie non inserée aux contracts de vendition, permutation, ou autres de bonne foy, y sera neantmoins de droit entenduë, pour y obliger le vendeur, pourveu que par le faict, fraude, ou negligence de lachapteur ladite eviction n'arrive.

II.

Si le vendeur est refusant d'enprendre garandie, l'achapteur pourra après avoir intimé le vendeur pendante l'instance ceder & recognoistre la proprieté au poursuivant, pourveu qu'il soit notoire qu'elle luy appartient, & agir d'eviction pour le prix & interest contre le vendeur.

III.

I I I.

Le vendeur deschargé de garandie par convention
ou autrement, devra commettre à l'achapteur les tiltres, & documens, par lesquels il puisse prouver que
la chose venduë luy appartient, s'il n'y veult estre
constraint par le Juge, les reproduire, pour en estre
delivrée copie à l'achapteur.

I V.

Vendition faicte d'une chose appartenante à un
tiers sera validée, si le vendeur par après en devient
Seigneur.

V.

Le vendeur sera presumé (après les œuvres de loix
operées) avoir reçeu le prix de la chose venduë, & en
estre satisfait par l'achapteur, ne fust que par scedulle, ou recognoissance de l'achapteur il apparust du
contraire.

V I.

Oeuvres de loix se feront selon l'ancien usage,
donnant le vendeur en signe de werpissement une
buchette entre les mains de la Justice, ou de quelque
membre d'icelle, laquelle sera renduë pour investiture, & tradition de possession & domaine à l'achapteur la requerant, lesquels œuvres se pourront expedier par Procureurs respectivement, & deüement
constituez.

VII.

VII.

Les œuvres de loix se devront expedier par les Mayeurs, & Justiciers, soubs la jurisdiction desquels les biens contractez seront scituez.

VIII.

La chose sera presumée estre venduë libre, s'il n'estoit notoire à l'achapteur qu'elle seroit chargée de cens, ou autres charges, ne fust que le contract sist mention desdictes charges.

IX.

Le vendeur d'une succession ne sera tenu de l'eviction des choses singulieres, ne soit que specificquement il l'ayt promis.

X.

Biens immeubles acquis par conjoncts des deniers d'autres leurs immeubles par eux vendus, seront tenus estre de mesme nature que les alienez, pour retourner après leur decés aux parens de celuy à qui appartenoient lesdits biens alienez.

XI.

Et en cas que lors du trespas du premier decedé tel argent ne se trouve avoir esté emplié, retournera comme est predit.

XII.

Afin oster les abus qui sont glissez par la creation de quelques rentes consistantes en espece de seigle,

fro-

froment & autres semblables, & dont sur pretext d'i-
celles les achapteurs se font payer telles rentes en nature : Icelles se payeront en espece, ou à la raete du
denier quinze du prix debourssé au choix des debteurs, & s'il se fait au contraire, les canons seront im-
putez en diminution du sort capital.

DES LOCATIONS ET
conductions.

CHAPITRE XV.

ARTICLE PREMIER.

SI le locataire abandonne la chose loüée avant
l'an expiré, il sera tenu à payer l'entiere pension, n'est qu'il y arrive faulte de la parte du locateur.

II.

Les meubles apportez par les locataires és maisons
prinses à loüage, sont tacitement obligez pour le
payement de la pension, ou deterioration de la chose loüée.

III.

Le fermier, ou censuaire qui verifie avoir payé au
Seigneur direct les cens ou rentes des trois dernieres
années, est presumé avoir payé les precedentes, ne
fust

fuſt que ledit Seigneur recevant icelles euſt proteſté
au contraire.

I V.

Advenant que les heritages donnez à cens fuſſent
occupez par les ennemis, ou abandonnez par l'infe-
ction de l'air, ou peſtilence demourez en friche, le
Cenſuaire pour le temps que durera telle calamité,
n'en payera aucune choſe.

V.

L'achapteur n'eſt tenu agréer la location faicte par
ſon vendeur, ſi autrement n'eſt deviſé par le contract de vendition, ou bien ſi la choſe achaptée n'eſt
par hypotecque obligée envers le locaraire judiciellement, pour l'aſſeurance de faire jouyr le terme
convenu, au defaut de quoy aura ledit locataire ſes
regres pour tous dommages, & intereſts vers ſon locateur.

V I.

Le locataire peut eſtre conſtraint ſortir de la maiſ-
ſon loüée avant le terme de location eſcheu, ſi le
rendeur par neceſſité inopinée eſt conſtraint y venir
habiter, comme s'il ſe marioit, ou ſi la maiſon en
laquelle il demeuroit eſtoit tombée en ruine, ou in-
habitable, par la calamité du temps, du feu, ou autrement, moyennant indemnité comme deſſus, ou

H   bien

bien si le locataire est trouvé mal verser à l'endroit de ia chose loüée.

VII.

Le locataire est tenu de tous dommages survenus à la chose loüée, à son occasion, ou par sa faulte & negligence, comme semblablement l'artisant le paistre, ou garde, pour la chose qui luy est commise.

DES RETRAICTS LIGNAGERS.
CHAPITRE XVI.
ARTICLE PREMIER.

RETRAICT se fera de l'immeuble qui aura escheu au vendeur par droit de succession de ses pere ou mere, ou collaterallement, d'autres siens parens, & y sera preferé le plus proche au plus esloigné en degré, de la coste, soit paternelle, soit maternelle, d'où sera escheu tel immeuble, & en devra l'action estre instituée dans l'an, & jour, que la chose venduë aura esté transportée par œuvres judicielles, moyennant offres & consignation juridicques, tant du sort principal que loyaux cousts y signifié, & intimé l'achapteur.

II.

Si un plus esloigné s'avance dans l'an & retire recepvant

cepvant la buchette de l'achapteur , arrivant le plus
proche avant l'an & jour expirez il luy devra receder
& rendre la buchette en recevant avec le principal
tous loyaux cousts & interests.

III.

Si pour fournir à la somme convenuë & portée au
contract , l'achapteur donne bestiaux ou autre chose qu'argent monnoyé , iceux seront estimez par justice , selon la commune estime , & suivant qu'ils
pouvoient valoir , lors que le contract auroit esté
faict & passé.

IV.

Heritage acquis par pere & mere , & devolu aux
enfans sera tenu , & censé pour patrimoine subject
au retraict comme cy-dessus.

V.

Le lignager ne pourra ceder son droit de retraict à
un estranger.

VI.

Plusieurs heritages vendus par un seul contract &
pour un seul prix , ne pourront estre divisez par le
retrayant pour en retirer l'un , & laisser l'autre , au
contraire seroit-ce si chacune piece avoit esté appre-
tiée.

VII.

Lors que par un seul contract , & soubs un seul

prix, plusieurs pieces sont venduës venantes de costé divers, les parens de chacun costé seront admis au retraict, chacun pour les pieces venantes de son costé, lesquelles seront estimées par Justice, & gens cognoissans pro tota du prix entier de l'achapt.

V I I I.

S'il ne se presente lignager que d'un costé, il sera admis, & reçeu pour retirer le tout.

I X.

Plusieurs vendeurs d'un fond & heritage commun, ne seront recevables à retirer les partes de leurs Consors.

X.

Si le retrayant craint fraude, & collusion pour le prix entre le vendeur, & achapteur, il pourra requerir, que tant le vendeur que l'achapteur s'en expurgent par serment.

X I.

L'achapteur ne devra dans l'année de retrait faire aucunes meliorations, sinon necessaires, à peine de les perdre.

X I I.

L'achapteur sommé à l'instance du retrayant, pour venir recevoir judiciellement le prix par luy debourfé, & pour rapporter la buchette de son achapt devra comparoistre. Sinon & à son default le lignager

retrayant,

retrayant, ayant la somme capitalle, namptira en Justice, avec promesse, & caution de fournir le surplus toutes les fois qu'il en sera semond, & joüira des fruicts de la chose retraicte.

XIII.

Le retrayant est surrogé entierement en la place de l'achapteur, aussi devra-il joüyr des mesmes conditions, & termes de payement.

XIV.

Le lignager qu'à expressement consenti à la vendition d'un immeuble, ne peut estre reçu au retraict d'iceluy. Autre chose seroit-ce si le vendeur luy avoit seulement offert, & qu'il l'eust refusé, pour ne pouvoir lors l'achapter sans s'incommoder.

XV.

Si l'achapteur revend la chose par luy acquise, avant l'an expiré, le lignager pourra intenter son action de retraict contre le second achapteur, en remboursant les deniers du premier achapt.

XVI.

En permutation d'un immeuble contre autre immeuble, purement faict, n'eschet retraict. Autre chose seroit ce si immeuble estoit eschangé contre meuble non estimé, Auquel cas seront iceux prisez par gens cognoissans, & l'estimation remboursée au permuteur par le retrayant.

H 3   XVII.

X V I I.

Es venditions qui se font necessairement, comme
par decret, executions, proclamations ou autrement
de l'authorité du Juge, le desaisi sera admis, ou à son
defaut ses heritiers.

X V I I I.

Depuis l'adjournement en retraict n'est permis à
l'achapteur faire aucune demolition à la chose achaptée, n'y aussi reparation ores que necessaire, sans
l'authorité de Justice, partie pretendante retraict y
appellée.

X I X.

Le lignager retrayant devra s'expurger par serment s'il en est requis, qu'il n'attempte le retraict
que pour soy, & non en intention de transferer la
chose retraicte à autres qu'à soy, ses hoirs & successeurs.

X X.

L'achapteur n'est obligé à rendre les fruicts de
l'heritage acquis, parceüs avant l'adjournement à
retraict.

X X I.

Et si auparavant l'adjournement de retraict, l'a-
chapteur à faict labourer & ensemencer les terres, ses impenses, & loyaux cousts luy seront restituez.

X X I I.

XXII.

Si l'achapteur est absent, n'ayant aucun domicil au lieu où la chose acquise est située, suffira au lignager le faire adjourner à verge, faisant attacher l'exploit du sergeant, à la porte de l'Eglise Paroichialle, pour interrompre la possession d'an & jour.

XXIII.

Le mary en telle qualité peut retirer l'heritage vendu par les parens de sa femme.

XXIV.

Les peres & meres peuvent retirer les heritages, par eux donnez en mariage, ou en advancement d'hoires, à leurs enfans qui les auroient vendus, ausquels biens ils pourroient succeder, si leursdits enfans decedoient sans hoires.

DES SUCCESSIONS AB INTESTAT.
CHAPITRE XVII.
ARTICLE PREMIER.

LE premier decedé des deux conjoints par mariage laissant hoirs legitimes, ou autres heritiers, iceux succederont par moitié part aux meubles & immeubles, acquis constant tel mariage, ensemble à la proprieté entiere des immeubles qui estoient au patrimoine propre du decedé.

II.

I I.

Le mary survivant pourra retenir hors parte ses armes, habits, comme la femme pareillement survivante, ses habits, joyaux & ornemens, & le mesme feront les heritiers du premier mort respectivement.

I I I.

Freres & sœurs, ou leurs enfans en ligne directe succederont à leurs pere, & mere, & ayeulx, sçavoir les enfans des representez par branches avec leurs oncles, & tantes qu'y viennent par teste.

I V.

Heritiers collateraux en pareil degré succedent par teste, comme y venant de leurs chefs, & n'y aura representation, voire toutesfois, que le nepveux & niepces en succession de leurs oncles, & tantes, joüyront de la representation.

V.

Pere, Mere, & ayeulx survivans leurs enfans, & nepveux decedez sans hoirs procréez de leurs corps, succederont seuls aux meubles de leursdits enfans, & aux immeubles par eux acquis.

V I.

Es successions sera observée la difference des biens paternels & maternels, pour suivre iceux les proismes de chacun costé respectivement,

V I I.

VII.

Advenant que le pere en mariant ses enfans leurs assigne quelque bien immeuble, pour en jouyr les conjoincts jusques au grand partage, mourant l'un d'iceux sans hoirs, le survivant tiendra doüaire coustumier sur lesdits biens, en cas qu'il n'y ayt point de conventionel ou prefix, autrement retournera ledit heritage au pere.

VIII.

Le doüaire coutumier du mary après le decés de sa femme, est qu'il joüist de l'entier usufruict de la totalité des biens immeubles, apportez en mariage, fussent patrimoniaux, ou qui seroient succedez, & escheus à sa femme durant leur conjonction : Et la femme joüist seulement de l'usufruict, sur la moitié des heritages apportez, & succedez à son mary.

IX.

Le doüager qui neglige entretenir de minuës reparations & necessaires le bien immeuble qu'il tient en usufruict, y pourra estre constraint par la saisie des fruicts, qui seront employez à telles reparations.

X.

Doüaire prefix, ou cenventionel, est une donation faicte en faveur de mariage de certaine somme de deniers, rentes, ou heritages, pour en joüir par le survivant en usufruict, ou en proprieté, selon qu'en sera convenu.

I

XI.

X I.

Tel doüaire fait ceſſer le couſtumier, ne ſoit que le choix en fuſt eſté laiſſé au ſurvivant, ce qui ſe devra declarer dans les quarante jours après la conſommation du mariage, & en faire l'option. Autrement ſeront conſtraintes les parties s'arreſter à la convention.

X I I.

Quiconque ſe portera heritier d'un decedé, ſans benefice d'inventaire, ſera tenu acquitter les debtes du defunct, & fournir aux fraix funeraulx.

X I I I.

Le Prince comme Souverain ſuccedera aux baſtards, decedé ſans hoirs procréez en mariage legitime, & ſi ſa femme luy eſt ſurvivante, elle emportera la moitié des meubles, & acqueſts immeubles faicts conſtant leur mariage.

X I V.

Celuy qui aura conſpiré la mort du decedé, ſera rejetté de la ſucceſſion, & ſera icelle acquiſe aux autres plus proiſmes, ou proches.

X V.

Si le decedé n'a heritier ou ſucceſſeur legitime direct, ou collateral, la ſucceſſion d'iceluy ſera acquiſe au Prince.

X V I.

XVI.

Si quelqu'un se presente, soy disant proisme du defunct, & habile à succeder, ayant verifié sa qualité, la main tout aussi tost luy sera levée, sans qu'il y ayt aucun interest.

XVII.

Celuy qui voudra se porter heritier par benefice d'inventaire, devra dans un mois après la mort du defunct, impetrer du Souverain ledit benefice, & confecter iceluy pertinement dans un mois de l'impetration.

XVIII.

A laquelle confection sera employée la Justice, ou pour le moins un membre d'icelle, avec le Greffier deputé par la Justice, auquel seront annotez tous biens, tant meubles qu'immeubles, la qualité d'iceux, leur situation, estenduë, & autres semblables remarques, sans y obmettre les debtes, tant actives, que passives du decedé.

XIX.

S'il se trouve que frauduleusement l'heritier ayt recelé aucune chose de l'heredité, ledit benefice luy sera infructueux, & sera reputé l'heritier absolut, & tenu à toutes les charges de l'heredité.

XX.

A la confection duquel devront estre sommez

tous

tous creanciers, & autres qu'y pourroient pretendre
droit, par proclamation, ou billets d'affiches pour
declarer ce qu'ils pretendoient, avec intimation,
que s'ils ne comparent sera donnée provision aux presens, & le reste, si reste y a de l'heredité delivrée, à
l'heritier.

X X I.

Lequel ne sera tenu envers les crediteurs après
comparans, sinon que pour la somme à laquelle seroient estez appretiées les choses qui luy auroient esté
delivrées.

X X I I.

Et devra l'heritier avant tout prendre sur les biens
de l'heredité pour payer les fraix funeraulx, avec despens faicts en la confection dudit inventaire, eu esgard
aux biens laissez.

X X I I I.

Et ne pourront les Creanciers constraindre l'heritier par inventaire à se declarer heritier, ou de renoncer à l'heredité avant un mois après la confection dudit inventaire, qui sera en tout trois mois
après le trespas de celuy de l'heritage duquel il sera
question.

X X I V.

Les freres consanguins, ou uterins seulement succederont à leurs freres germains des mesmes pere &
mere,

mere, esgalement aux meubles, & aux acquests delaissez par le frere decedé, observant quant à l'immeuble patrimoniel du defunct la difference des paternels, & maternels, pour suivre chacun la coste
d'où ils proviennent.

X X V.

Deniers deboursez par pere, mere, ayeul pour la
nourriture de leurs enfans, ou nepveux, pour l'en-
tretenement d'iceux aux arts liberaux, ou mechanic-
ques, en fraix de nopces ou banquets ne viennent
en rapport.

X X V I.

Si le survivant de deux mariez tient par indivis les
biens possedez conjoinctement constant le mariage
après le trespas du predecedé par an, & jour, sans en
avoir fait inventaire pertinent pour rendre compte fi-
del aux enfans communs, & heritiers dudit predecedé, tant des meubles que des immeubles, advenant
que ledit survivant augmente ledit bien, par acqueste
ou autre melioration, tel augmente sera communiqué aux dicts enfans, ainsi que les acquests faicts
constant tel mariage.

X X V I I.

Et outre ce sera tenu ledit survivant de r'enseigner
auxdits enfans parvenus en majorité, ou durant leur
minorité à leurs tuteurs, & mambours par expurga-

I 3

tions

tious de ferment, tous les biens, tant meubles qu'immeubles poffedez en commun, durant la focieté conjugalle dudit furvivant avec le predecedé pere, ou
mere defdits enfans heritiers, & outre ledit ferment,
en fera particulierement informé des voifins, parens,
& autres qu'en pourroient avoir cognoiffance.

XXVIII.

Quant aux fraix funeraux iceux feront à la charge
des biens communs, & fe deduiront devant proceder à aucun partage.

XXIX.

Le pere ou la mere furvivant eft tenu par droit de
nature, donner aliment & entretenir des chofes ne-
ceffaires fes enfans, jufques à l'aage de quinze ans,
s'il en a les moyens.

XXX.

Le furvivant convolant aux fecondes nopces,
n'ayant faict partage ou inventaire, fera (comme def-
fus) tenu communiquer tous acquefts qu'il fera aux
enfans du premier lict. Et fe repartiront les biens ac-
queftez en trois partes egales, l'une aux furvivans,
l'autre auxdits enfans, & la tierce à la partie alliée audit furvivant, foubs confideration qu'icelle pourroit
avoir apporté plus ou moins à la communauté.

XXXI.

En cas que par le rapport des parens, & voifins, les
meu-

meubles du predecedé se trouvent avoir esté de plus grande valeur que ne porte le r'enseignement faict, ou que ne se retouve celuy du survivant au temps du departement, la moitié du vray prix ou valeur estimée par lesdits parens & voisins, se devra emplir par ledit survivant, ou par ses heritiers aux **enfans** du defunct, & du lict precedent.

XXXII.

Pour l'asseurance desquels, les biens tant dudit survivant, que de celle qui luy sera realliée en secondes nopces seront tacitement obligez envers lesdits enfans, estant à imputer à la partie realliée de l'avoir mis en la communauté des biens avec ledit survivant, sans avoir preallablement fait faire tel partage ou inventaire pertinent.

DES FIEFS.

CHAPITRE XVIII.

ARTICLE PREMIER.

LE fils aisné, par droit d'aisnesse, ou primogeniture emportera seul le droit prerogatif, à l'exclution de ses freres puisnez.

II.

L'heritier succedant à quelque fief, ne pourra jouyr

des

des privileges feodaux, sans avoir prins l'investiture du Prince souverain, Seigneur direct, luy en ayant faict reliefs, presté foy, & hommage.

I I I.

Les reliefs se feront solemnellement devant le Prevost, presente la Cour, ou dù moins presens deux Jugeurs vassaux du Prince, Duc souverain de Boüillon.

I V.

Sera le nouveau vassal desceinct de son espée, teste nuë, en genoux pliez, requerant son Seigneur, Prince & Duc souverain, le recevoir pour son vassal, confessant tenir de luy en fief, à cause de son Duché de Boüillon les terres, desquelles, il releve, en faisant le serment de fidelité accoustumé.

V.

Ce qu'estant faict l'officier le prendra par la main, & le baisera en la joüe, le recevant en vassal, & en la sauve-garde, & protection du Prince souverain, Duc de Boüillon.

V I.

Tel relief se fera au plustard quarante jours après que la semonce en aura esté faicte de la part du Prince, s'il n'y a excuse de maladie, ou autre legitime.

V I I.

Au deffaut duquel ledit terme expiré l'officier

pourra

pourra faire saisir le fief, & le mettre entre les mains
du Seigneur direct, tant que relief en soit faict, laquelle saisie se fera aux despens du defaillant.

V I I I.

Sera tenu le vassal relevant apporter denombrement de l'extenduë, emolumens, & droits de son
fief dans quarante jours après son dit relief, à peine
de trois florins d'amende, & saisie du revenu.

I X.

Et viennent au Seigneur direct pour droit de relief
les revenus ordinaires d'une année, & pour le Cham-
bellain une piece d'or.

X.

Pour relief de main, à bouche, n'est deuë aucune
chose, sinon les droits de relief à la Cour.

X I.

L'hoir masle en mesme degré, ors que moindre
d'aage, exclura les filles plus aagées au droit de
primogeniture, prerogatif, ou jurisdictionel, &
au deffault d'hoir masle, la fille aisnée exclura aussi
les autres, mais quant est des fruicts, & revenus ordinaires, & annuels, ils se partageront egalement
entre les freres & sœurs, jusques & l'entiere reünion
dudit fief, & au reste la succession aux fiefs se fera
comme est porté au chapitre de succession ab intestat.

K

XII.

XII.

Le droit prerogatif, & de preciput, confiste en
chasteau & maison Seigneurialle, avec le vol d'un
chapon, constitution du Mayeur, reglement &
obeïssance des subjets, confiscations, amendes,
espanité, treuves de mines, mouches & semblables pesches és eaux Seigneurialles, bois d'aisances
communs à la bourgeoisie (sauf des francs bois s'il
y en a qui se devront partager avec les comparson-
niers) la chasse, biens vacans, & delaissez de leurs
anciens possesseurs, droits de corruées, stapelages,
stelages, avec toutes autres adventures Seigneurialles.

XIII.

Les parsonniers prendront seulement parte aux terrages, cens, rentes annuelles, & ordinaires, aux
estangs, & francs bois sans estre tenus de contribuer
aux fraix des poursuites, & executions des malfai-
cteurs.

XIV.

Le service deu au Prince Seigneur direct, se prendra sur tous les revenus, & emolumens du fief, quels
ils soient, avec le droit de denombrement, lors qu'il
s'en faict plein relief, & les fraix desdits reliefs, hors
mis en cas de vendition du fief par le consentement
du Prince Souverain.

X V.

XV.

Le vassal fera la reünion de son fief lors que bon luy semblera, laquelle se devra faire de la totalité, & non d'une partie seule, laquelle reünion se fera aux fraix du reünissant, voire qu'en cas d'opposition, la Cour aura esgard aux fraix de la procedure, suivant la justice ou injustice de l'opposition.

XVI.

Pour venir à la reünion du fief, le reünissant rendra heritage, pour heritage, & rente pour rente de mesme espece, & bonté, ou à faute de rente, ou heritage donnera la vraye valeur en argent, telle, qu'elle sera estimée par les parens communs des parties à ce cognoissans, après le serment d'en faire juste, & fidelle estimation, ou bien par la Justice.

XVII.

Et advenant que le vassal n'eust argent pour payer le prix des heritages évaluez, il en payera rente en argent au denier vingt, jusqu'à l'entiere satisfaction.

XVIII.

Seront obligez tous & chacuns les biens du reünissant, & speciallement le fief, soubs prompte & parée execution, par un seul adjour de quinzaine.

X I X.

Tous transports de fief vendus ne seront faicts ailleurs que pardevant la Cour souveraine feodalle, à peine de nullité, lesquels transports ne se feront sinon par ceux qui seront en plain relief.

X X.

Le vassal ne pourra aliener son fief, ny disposer par testament, ou autrement au prejudice de son aisné, ou heritier ab intestat, sans l'adveu, & agreation expresse du Prince Seigneur direct.

DES INJURES, CRIMES
& delicts.

CHAPITRE XIX.

ARTICLE PREMIER.

NUL sera constraint d'accuser ou tirer en cause celuy duquel il auroit, ou pretenderoit avoir reçeuë quelque injure, réelle ou verballe, & estant action instituée les parties se pourront accorder, & transiger librement sans pour ce payer aucune amende. Reservées aux Procureur General, Seigneurs, & officiers des lieux, leurs actions contre l'injuriant où qu'il y aura de l'interest publique que pour parsuivre l'amende qu'ils pretendent à leurs frais & perils.

I I.

I I.

Du mesme personne ne sera tenu faire apport s'il ne veut, mais estant faict pourra estre parsuivi par le Procureur General, Seigneurs, officiers des lieux à leurs perils & fraix, veoir que s'il fust clairement trouvé le rapporteur estre calomniateur, iceluy devra estre tenu aux fraix & amende arbitraire.

I I I.

Pour petites & legeres injures n'importantes infamie, les Procureur General, Seigneur, ou son officier, ne seront reçeus partie, soit par adjonction, ou autrement.

I V.

Le Seigneur ou son officier en matiere de crimes publiques, pourra tirer en action le delinquant, afin le faire punir selon l'exigence, & gravité de l'abus, ou mesus, soit que la partie offencée s'en desplaigne ou non.

V.

Aussi pourra la partie offencée agir, & conclurre à amende, tant profitable, qu'honorable, qui luy devront estre adjugées selon la gravité de l'offence, & circonstances du mesus.

V I.

En action d'injure, l'acteur sera tenu d'inserer dans son intendit, ou libel, les lieux, mois & jour

aux-

auxquels il pretend l'injure luy avoir esté inferée.

VII.

Injures proferées par chaleur, impetuosité de cholere, glissement de langue, pluftoft que par une premeditée deliberation, fi l'injuriant declare judiciellement ne les vouloir maintenir, & qu'il en tient l'injurié exempt, & homme de bien, il ne fera tenu à plus pertinente reparation, & ne fera l'acteur recevable à plus avant parfuivre, ains en vertu de ladite declaration, fera l'injuriant feulement condamné és defpens de l'inftance avec deffence d'y plus retourner fur peine arbitraire tant envers le Seigneur, que partie.

VIII.

Que fi l'injuriant avoit prevenu, & prié l'injurié luy vouloir pardonner avant qu'inftance en fuft faicte, luy fera remife fans amende, ny defpens, pourveu que l'injure ne fuft atroce.

IX.

Reparation d'injure non maintenuë, judiciellement n'apportera infamie au reparant, finon qu'il en fuft couftumier, & qu'il l'ayt amendé par trois fois, y ayant efté condamné.

X.

Quiconque affaillira autruy avec armes fans bleffures, fera condamné à l'amende d'un florin d'or au

Seigneur, s'il y a bleſſure de trois, & où ladite bleſſure ſeroit grande ou proditoire, ou avec armes deſlea-
les elle ſera en l'arbitre du Juge, & tel aſſaillant ſera
condamné envers partie complaignante à tous deſpens, & intereſts.

X I.

Et celuy qui aura aſſailly aucun avec effort en la
maiſon, l'amendera tant envers le Seigneur, qu'envers l'aſſailly, d'une amende de ſoixante florins.

X I I.

Les Complices aſſiſtans à tels, & ſemblables excés,
par voye de faict, ſeront comme deſſus chaſtiez, eu
toutes-fois exact regard, à toutes circonſtances des
perſonnes, lieux, temps, & autres qui pourroient
aggraver, ou allenier le faict.

X I I I.

Toutes invaſions par armes pour piller, ou deſro-
ber. Si l'effect n'enſuit ſeront pour la premiere fois
punies d'une amende de ſix florins d'or. Si l'effect
ſuit il y aura condamnation de banniſſement, ou autre amende arbitraire, outre la reſtitution, reparation
& deſpens.

X I V.

Les volleurs, deſtrouſſeurs ſur chemins, incendiairs,
empoiſonneurs, forgeurs de fauſſe monnoye, & leurs
complices, raviſſeurs de femmes, ou filles leurs faiſ-

ſans

sans notable effort, comme tous convaincus de crime de leze Majesté par conspiration sur la vie, ou personne du Prince, ou contre sa republique, seront punis de mort, & de telle espece, & qualité que le Juge pour la diversité des crimes, & circonstances trouvera convenir.

X V.

L'homme qui se trouvera chargé, & encoulpé d'avoir engrossée une jeune fille bien nommée, s'icelle par serment solemnel és douleurs de l'enfantement atteste d'estre engrossée du fait d'iceluy, il sera tenu aux alimens provisoirs de l'enfant, jusques à autre ordonnance de Justice.

X V I.

Ceux qui sciemment se serviront en jugement d'instrumens faux, seront punis arbitrairement.

X V I I.

Marchands & hostellains qu'useront de faux poids & mesures sciemment, seront chastiez pour la premiere fois d'amende de dix florins, & lesdits poids, & mesures par la Justice en leurs presence rompus, outre la restitution des dommages, & interests qu'en auront reçeu ceux qu'auroient esté livrez, à tels faux poids, & de punition exemplaire, & corporelle en cas de rescheute, à la discretion de Justice, outre la duplication, & triplication de la susdite amende.

X V I I I.

XVIII.

Coupeurs de bourses, & larrons domestiques, seront pour la premiere fois fustigez, pour la seconde fustigez, marquez au dos, & bannis, & pour la troisiesme pendus, & estranglez.

XIX.

Tous receleurs, & receptateurs de larrons, seront chastiez comme les mesmes larrons.

XX.

Larrons non domestiques, outre la restitution de la chose robée, à qui elle sera trouvée appartenir, ou bien au Seigneur par confiscation, s'il n'apparoit du Maistre, seront pour la premiere fois punis d'une amende pecunielle, selon leurs moyens, à l'arbitrage du Juge. En cas de recheute seront fustigez, marquez, & bannis.

XXI.

Bannis pour crimes, qu'auront enfraints, ou rompus leurs bannissemens, s'il n'y a peine comminée en la sentence de leur bannissement, le temps d'iceluy sera redoublé avec amende; pour la seconde fois punis capitallement outre tous despens de l'instance, & ceux qui les auront reçeus & sciemment retenus, & recelez, seront amendables, selon la qualité des personnes à moindre, ou plus griefve peine, à la discretion de Justice.

L   XXII.

X X I I.

Tous duels , combats , & assemblées avec porte
d'armes , sont estroitement deffendus , & se devront
reprimer , & chastier en toute severité de Justice,
selon la qualité des lieux , du temps , des personnes,
& autres bonnes considerations du Juge.

X X I I I.

Qui arrachera par malice , & sciemment bornes
contre la volonté , & au desçeu de ceux qui ont heritages contigus , & auxquels seroient lesdites bornes,
payeront amende de trois florins d'or , outre la reparation du lieu.

X X I V.

Celuy qui sera deprehendé , ou prouvé d'avoir
gardé en escient , ou laissé pasturer ses bestes dans les
grains, ou prairies d'aucun, durant le ban, ou de nuict,
l'amendera de trois florins au Seigneur , outre la restitution du dommage à l'arbitrage du Juge , & de
jour de sept patar & demy.

X X V.

Si l'heritage dans lequel le dommage auroit esté
faict, devoit fermeture , & qu'icelle ne se retrouvast
suffisante , pour avoir empesché l'entrée aux bestiaux, iceux devront estre restituez à leurs Maistres,
sans qu'ils soient amendables , ny leurs possesseurs

subjets

subjets à aucune reparation, ou restitution du dommage.

XXVI.

Ceux qui fourrageront les jardins d'autruy en prennant & asportant les fruicts, outre le vouloir, & sans consentement de ceux ausquels ils appartiennent, seront amendables de vingt patars, si c'est de jour, mais de nuict, ou durant la Messe és jours solemnels, de Dimanches & Festes, de trois florins pour chasque fois A quelle amende seront aussi condamnez les rupteurs de soys, & palisades des jardins d'autruy, pour les brusler, ou s'y faire chemin, & passage, estans pour tels faicts les parens recherchables pour le faict de leurs enfans, lors qu'il y apparoistra de quelque consent, ou connivence, & au cas de frequence, ou continuation, seront punis corporellement par fustigation, bannissement, ou autre arbitraire.

XXVII.

Qui prendra instrumens ruraux delaissez aux champs, ou ailleurs, pour les retenir ou desrober, qui esbranchera malicieusement arbres fruictiers, les coupera, ou fera feu aux pieds d'iceux, ou les fera par autre moyen mourir, eschoira en amende de trois florins, outre la reparation du dommage aux maistres d'iceux.

L 2　　XXVIII.

XXVIII.

Et devront toutes forfaictures, & amendes non
taxées, estre mesurées, & proportionées à la gravité
des abus, & demerites, attenduës toutes circonstances, & considerations, sans s'arrester à la distinction
d'aport, ou plainte, & sans esgard à l'abus, & mauvais
usage sur ce fait praticqué.

XXIX.

Ceux qui, manquement de moyens, ne pourront
furnir aux amendes par eux encouruës, l'amenderont
par prison au pain & à l'eau certains jours à leurs despens, ou (le cas le meritant) par fustigation, bannissement, ou autre peine, comme la Justice trouvera mieux au faict appartenir, attenduë la grandeur du
mesus.

COMME IL CONVIENT
proceder en matiere de crime, & excés.

CHAPITRE XX.

ARTICLE PREMIER.

LA Justice à laquelle compete d'ancienneté cognoissance des crimes, estante certiorée que
quelque crime, delict ou abus seroit esté perpetré
soubs le district de sa jurisdiction, & ce par bruict
com-

commun, fame, ou par requeste soubsignée par partie, ou par le Procureur d'office, en devra promptement, & le plustost, & le plus secretement que faire
se pourra dresser enqueste, & information, par un
Jugeur ou Eschevin avec le Greffier.

I I.

Et sera l'enqueste, & information incontinent
rapportée à la Justice, qui en donnera communica-
tion au procureur d'office, lequel sans autre dilay
devra sur icelle requerir ordonnance, & decré, soit
il de capture, adjournement personnel ou autre selon
l'exigence des faicts.

I I I.

Les vagabonds & estrangers accusez, ou les bourgeois du pays prins en flagrant delict (qu'on dit en la
freiche coulpe) meritant chastoy corporel, pourront
estre arrestez, & saisis au corps, pour (leurs procés
faicts (estre corrigez selon leurs demerites.

I V.

Autrement ne peut aucun estre prins au corps, sans
decré de Justice sur enqueste preallablement faicte,
ne fust que quelqu'un se formast partie, & accusateur, avec offre d'entrer en prison avec l'arresté, ou
l'accusé & devra dans vingts quatre heures faire informer des cas denoncez & chargez, autrement &
tel terme paisiblement escoulé, sera l'arresté eslargy,

L 3

&

& l'accusateur ou arrestant condamné és dommages & interests d'iceluy, & ne sera eslargy que premierement il n'ayt fourny à iceux.

V.

Toutesfois, si la charge, ou crime denoncé meritoit peine capitale, & que la verification n'en puisse estre faicte en si brief terme, sera à l'accusateur presigé terme competent, & peremptoire de trois jour au plus, pour faire sadite preuve, à peine, iceluy escoulé, comme au precedent article.

V I.

Si l'accusé par l'information est convaincu des crimes deferez, sera procedé contre iceluy selon l'exigence du cas, & sera l'accusateur eslargy de prison.

V I I.

Si l'accusateur ne veut entrer en prison, estant bourgeois de Boüillon, ou surceant du Duché, ne sera tenu d'y entrer, & en cest évenement l'accusateur devra donner caution prisable par loix de ster en droit, & fournir au jugé, ou consignera telle somme de deniers que le Juge trouvera expedient.

V I I I.

L'accusateur succombant sera promptement executé

cuté en ſes biens, au deffaut deſquels, ſeront ſaiſis les biens de la caution, & vendus au premier jour des plaids, pour du prix d'iceux eſtre entierement ſatisfait aux dommages, & intereſts. Et iceux ne ſe retrouvans ſuffiſans, ſera l'accuſateur ſaiſi au corps, & tiendra priſon juſques à l'entier payement, ou bien en ſera ordonné ainſi que la Cour trouvera le faict meriter.

I X.

Le decré de capture ſera incontinent executé, nonobſtant oppoſition, ou appellation quelconque, & ſans prejudice d'icelle, auquel neantmoins ne ſera procedé ſinon avec grande maturité, & pour crimes capitaux, ou meritans chaſtoy corporel.

X.

Si le delinquant ne peut eſtre ſaiſi, & apprehendé, pourr eſtre adjourné à trois briefs jours, pour faire ſes deſcharges, & ſeront dés le decré de capture ſes biens tacitement obligez, pour les fraix de Juſtice, faicts, & à faire.

X I.

Et ſeront telles aſſignations à trois briefs jours données par un ſeul exploict, faict au domicile de ladjourné, dont copie ſera delivrée à ceux qui ſeront trouvez audit domicile, ou bien attaché à la porte d'iceluy, avec notification aux deux voiſins plus

proches,

proches, ou s'il n'a domicile, au portail de l'Eglise.

XII.

En tels adjournemens y aura distance de trois jours francs, entre le premier, second, & tiers.

XIII.

Après les trois deffauts obtenus, sera donné autre adjournement d'huictaine pour le quart de grace, soubs peine d'estre declaré contumax, avec intimation qu'il sera procedé au recollement des tesmoins ouys en l'enqueste, pour valoir autant que s'ils avoient esté confrontez à l'accusé, & chargé.

XIV.

L'adjourné se pourra descharger, & respondre par Procureur, voire qu'il sera tenu de respondre personnellement à tous articles d'impositions, pardevant quelque Justice, ou personne authorisée, & deux tesmoins, & devra speciallement constituer Procureur acceptant la charge, pour renouveller judiciellement sa responce, ulterieurement parsuivre, & deffendre sa cause, comme feroit en personne, & ne comparant personnellement, ou par Procureur à ladite huictaine, sera par sentence declaré contumax, à l'instance du Procureur, ou partie, sauf à iceluy la preuve d'excuse, soit de maladie, detension de sa personne, & semblables desquelles il sera paroistre

dans

dans tiers jours, & seront les tesmoins recollez par le Juge.

X V.

Si par les depositions des tesmoins apert clairement que le crime seroit esté perpetré, & que le contumax, & absent seroit chargé de l'avoir commis par deux tesmoins dignes de foy, deposans mesme chose, & rendans bonnes & pertinentes raisons de leur deposé, comme de presence, veüe & autres urgens & concluans indices dont n'en resteroit aucun doubte, sera faict droit sur les conclusions du Procureur & partie, & le contumax condamné à telle peine & chastoy exemplaire, ou autrement que le cas meritera.

X V I.

Si l'accusé & chargé veut par après estre ouy en ses descharges, il y sera reçeu en namptissant les despens, & amendes des defaults avec ceux de la partie, n'estant ladite amende des defaults que de sept patars & demy.

X V I I.

Parties civiles se deplaignantes en matiere criminelle d'excés ou delicts seront tenuës d'eslire domicile au lieu où le prisonnier sera detenu, dans vingtquatre heures après l'arrest, ou prinse de l'accusé, à

M

peine

peine des defpens, & interefts qui s'en enfuive-
roient.

XVIII.

Les prifonniers, ou adjournez perfonnellement
comparans, feront exactement interrogez, & en fecret, & s'il fait befoing leur examen iteré, afin mieux
tirer la verité du fait par leurs propres confeffions,
fans qu'ils puiffent eftre ouys par Procureur, Con-
feiller, ou autres perfonnes. Et devra tel examen
eftre communiqué au Procureur d'office, qui ne devra eftre prefent à tel examen.

XIX.

Et fera enjoint audit Procureur, & partie, de fournir leurs conclufions dans tiers jours pour tout dilay,
fur lefquelles l'accufé pourra refpondre à huictaine
avec confeil, autrement fera fait droit fur les pieces,
& production du procès.

XX.

Si lefdits Procureurs ou partie refufoient conclure
fur la confeffion de l'accufé pour n'y trouver fonde-
ment, devra eftre ordonné que les tefmoins (par les
depofitions defquels l'accufé fe trouve chargé plus
que ne porte fa confeffion) feront recollez, & fi
befoing eft à luy confrontez, laquelle confrontation
devra eftre auffi faicte, fi les tefmoins perfiftent à
leurs premiers depofez.

XXI.

X X I.

Et pour tel recollement, & confrontement sera
prefigé un seul, & brief dilay aux Procureur & partie, sinon que pour la distance des lieux ou autres
urgentes causes, en soit ordonné un second.

X X I I.

Pendant que les tesmoins seront à recoller, &
confronter, ne sera donné eslargissement à l'accusé,
& se fera ledit recollement en l'absence d'iceluy,
après avoir reçeu le serment des tesmoins de dire verité, & au mesme instant seront confrontez audit accusé separement, & l'un après l'autre, ayant au preallable l'un devant l'autre presté le serment.

X X I I I.

Leurs sera demandé s'ils s'entre-cognoissent, les
moyens de leurs connoissance, depuis quel temps,
& speciallement aux tesmoins, & si le prisonnier est
celuy duquel ils pretendent avoir deposé.

X X I V.

Sera enjoint au prisonnier, s'il a aucune reproche
à proposer contre iceluy tesmoin, qu'il l'ayt à pre-
stement declarer, & alleguer.

X X V.

Lors sera faicte lecture à l'accusé de la deposition
d'un tesmoin, sur laquelle, & toutes circonstances
en resultantes, sera avec toute discretion, & prudence

                    exacte-

exactement examiné, & faudra diligemment advi-
ser la contenance, tant de l'accusé, que l'asseurance
ou variation du tesmoin, & le maintient des ambedeux, les responces, & reproches estantes exactement redigées par escrit.

XXVI.

Telle confrontation achevée sera le tout derechef
communiqué au Procureur d'office pour sur le merite
du faict prendre conclusion à un seul & brief terme
à luy assigner, & à partie civile pour donner par escrit ses interests, & y conclure.

XXVII.

Si le Juge recognoit que l'accusé par ses reproches,
& responces ayt allegué faicts justificatifs, & faisans
pour ses descharges il luy sera ordonné avant proceder à sentence d'informer lesdits faicts, & reproches, qu'à ceste fin seront extraictes du procès, &
desnommer les tesmoins par lesquels il entend les verifier, ce qu'il fera dedans un, ou deux termes qui luy
seront prefigez, selon la distance des lieux, & demeure de ses tesmoins, à peine d'en estre forclos.

XXVIII.

Seront lesdits tesmoins ouys d'office aux despens
de partie civile, s'il en y a aucune, autrement aux
despens du Seigneur, & ce dans certain temps, au
deffault dequoy sera ordonné sur leslargissement du

prison-

prisonnier, s'il le requiert, avec promesse de se delivrer sur certaine grosse peine s'il luy est ordonné.

XXIX.

Si la matiere se trouve disposée pour appliquer l'accusé à la torture, & question extraordinaire, la sentence en sera incontinent decretée sur les conclusions du Procureur, & promptement executée, sinon le jour suivant.

XXX.

La torture ne sera decretée que premier il n'apparoist le faict dont l'accusé est chargé avoir esté indubitablement perpetré, & qui meriteroit estant verifié peine capitalle, item qu'il y ayt indices, & presomptions violentes verifiées chacune par deux tesmoins dignes de foy contre l'accusé, iceluy la dessus ouy.

XXXI.

A l'execution de la torture, assistera la Justice entiere, & seront escrits par le Greffier les noms des presens, & adsistans avec la maniere & forme qui sera esté observée. Combien de foy le torturé sera esté estendu. Ensemble l'examen, & responces faictes, la perseverance & constance, ou variation d'iceluy.

XXXII.

Le Juge prudent & discret advisera de quelle moderation il luy conviendra user en la torture selon la

qualité du crime , complexion, condition de l'accusé,
s'il est jeune, fort, & robust, ou bien s'il est vieil, crain-
tif , debil , & delicat. S'il est simple ou rusé, ensemble
la grandeur, & affluence des indices contre luy veri-
fiez , & prendra esgard qu'il ne s'en ensuive lesion du
corps , ou extropiement de quelque membre.

XXXIII.

S'il entre en confession faudra que la specification
des crimes vienne de luy , & non point qu'il y soit
induit par menaces ou importunes persuasions, & le
lendemain vingt-quatre heures après sera le patient
derechef examiné entre autres lieux auxquels n'aura,
ou ne luy sera donné aucun subjet d'apprehension,
crainte ou frayeur d'une iterée torture sur les faicts
par luy confessez, pour veoir s'il y perseverera, ce
que le Greffier redigera pertinement par escrit , &
joindra aux procès.

XXXIV.

La torture ne sera reïterée au prisonnier s'il ne sur-
vient nouveau indice plus urgent, ou qu'il eust re-
voqué le confessé par luy en la torture , auquel cas luy
pourra estre reïterée.

XXXV.

Si l'accusé ne confesse rien , ou bien si par deux
diverses fois il revoque en Jugement ce qu'il auroit
autant de fois confessé en la question , tellement que

les

les charges dont il estoit attaint ne seroient legitimement verifiées, sera donnée sentence, soit absolu-
toire, soit condemnatoire à quelque peine extraordinaire, ou bien sera renvoyé jusqu'à rappel, selon
que le Juge trouvera le faict estre disposé.

X X X V I.

Si l'accusé se trouve convaincu des crimes & delicts qui luy sont imposez, seront adjugez à partie
civile, tels despens, dommages, & interests qu'il sera
trouvé de raison, outre la peine, soit pecunielle, soit
corporelle.

X X X V I I.

Si sentence porte condamnation à la mort, soit
naturelle, soit civile, par bannissement perpetuel, seront sur les biens du condamné prins les fraix de Justice, despens de partie civile, avec restitution de ses
dommages.

X X X V I I I.

Ne seront neantmoins comprins la moitié des
meubles, & acquetts appartenans à la femme ou enfans
du condamné, en vertu de la societé conjugalle.

X X X I X.

Compositions en delicts, meritant peine corporelle faicte par le fisque, sera declarée injuste, & illi-
cite, & pourra le composé estre recherché, & chastié
tant & si long-temps que le delict ne soit prescript,

sçavoir

ſçavoir le ſimple adulter en cinqs ans, & tous autres
en vingts ans, ains en doit eſtre faicte la pourſuite
juſqu'à ſentence incluſivement.

X L.

Pourra toutes-fois la partie civile compoſer pour
ſes deſpens, intereſts, & reparation, ou s'en ſoub-
mettre à arbitres. La ſentence ou dictum deſquels
n'infamera le condamné, & ſera telle partie civile in-
tereſſée, preferée au fiſque, pour recuperer ſes pertes,
& deſpens, avant que l'amende adjugée ſoit ſatis-
faicte.

DES SENTENCES ET
executions d'icelles.

CHAPITRE XXI.

ARTICLE PREMIER.

NUL devra eſtre executé en perſonne, ou en ſes
biens avant y eſtre par juſtice condamné, ſinon pour droits Seigneuriaux ordinaires, & bien
cogneus.

I I.

Les ſentences devront eſtre données en termes
clers & ſelon, & ſur les faicts alleguez, & prouvez
ſeulement.

III.

I I I.

Les crimes defquels les condamnez fe trouveront legitimement convaincus, y feront particulierement fpecifiez, & declarez.

I V.

Sentences portantes condamnation à la mort, mutilation de membres, banniffement, ou autre peine corporelle, feront pour le moins le jour fuivant, fi poffible eft, executées.

V.

Le debteur recognoiffant la debte avant conviction aura terme de payement s'il le requiert, eu efgard à la debte, & qualité des perfonnes.

V I.

Sentences paffées en force de chofe jugée, en faict réel, perfonnel, ou mixte feront executées par le Sergeant, n'eft qu'en execution d'icelles fuft requife plus ample cognoiffance. Auquel cas feront executées par enfeignement du Juge, partie fur ce ouye.

V I I.

Pour refections, ou autres meliorations, pretenduës par le condamné, fi telle cognoiffance eftoit requife, iceluy fera tenu les verifier, & liquider dans quinzaine pour tout dilay.

V I I I.

Au deffaut, & manquement dequoy, & ledit terme

expiré

expiré sera ledit condamné constraint de se desister
ou departir de la chose adjugée, moyennant caution
de celuy qui aura triomphé en cause de payer ce qui
sera verifié, & liquidé par le condamné dans autre
quinzaine, que luy sera à ces fins accordée peremp-
toirement, à peine de forclusion, ne fust qu'il y eust
cause de proroguer le terme, ce que ne sera qu'à ses
fraix,

I X.

En matiere de nouvelleté, attemptat, spoliation
de possession par voye de faict, seront adjugez avec
la reintegrande tous dommages, & interests contre
celuy qui aura faict le trouble, avec les fruicts per-
çeus & à percevoir durant la spoliation.

X.

Semblablement és causes intentées pour le petitoir és immeubles, les fruicts seront adjugez non seulement depuis contestation, mais depuis le temps
que le condamné sera trouvé avoir esté en mauvaise
foy, & selon l'estimation commune des années lesquelles seront escheües.

X I.

En adjudication des dommages & interests, sera
arbitrée certaine somme de deniers, eu esgard à la
qualité de la cause, & des parties, à ce qu'icelles ne
soient vexées d'ulterieures procedures en la liquida-
tion

tion d'iceux, n'est que facillement & sommairement ils ne puissent estre liquidez.

X I I.

Avant execution sera faict commandement au condamné de fournir, & satisfaire au contenu d'iceluy dans certains briefs jours, qui seront limitez, à peine d'ulterieure execution, & ce à la personne, s'il se treuve, ou en cas d'absence à ses amis, commis, ou domestiques, ou deffaut d'iceux attachant copie dudit mandement, & de la sentence à la porte d'iceluy, presens tesmoins, le nom desquels devra estre au rapport du sergeant.

X I I I.

Sentences provisionelles à cause d'alimens, medicamens, notoire spoliation de possession, & semblables serons exécutées parmy caution, nonobstant opposition ou appel.

X I V.

Dilayant le condamné de payer après le command, ou sommation luy faicte, le petit gage sera premierement levé, pour trois jours après expirez estre vendu par la Justice, & adjugé, & delivré au dernier encherisseur.

X V.

Après la vente duquel sera incontinent ordonné que les autres biens de l'executé seront saisis, soient-

ils

ils meubles, ou immeubles, entre les mains de Justice pour estre subhasté & vendu jusqu'à la concurrence de la somme portée par la sentence, & des despens, en la poursuite engendrez nonobstant opposition, ou appellation quelconque, & sans prejudice d'icelle.

X V I.

Reservée la robbe, & livres des gens lettrez, la charuë du laboureur, ses chevaux, ou bœufs, & autres meubles & instrumens ruraux, desquels il se sert ordinairement en son labeur, item les armes & chevaux des Gentils hommes, ou Soldats, ne soit qu'il n'y eust autres meubles, ou immeubles pour executer.

X V I I.

Executions se feront premierement contre le debteur principal, pourveu qu'il soit resident au pays, ou y ayt quelques biens resseans, & devra estre discuté & declaré non solvable avant pouvoir s'addresser à la caution, ou respondant, ne soit que ledit respondant se fust constitué, pour seul & principal debteur, & accepté pour tel par le crediteur, en tel cas ne sera besoing d'aucune discussion.

X V I I I.

La vente & subhastation des biens saisis par execution, se fera le premier jour de marché, s'il s'en tient

au lieu de l'execution, ayant icelle esté auparavant
annoncée par proclamation, & cris publiques, &
l'executé, sur icelle deüement signifié.

X I X.

En la subhastation d'aucuns immeubles, iceux seront particulierement, & notoirement desnommez
par chacune piece avec les charges desquelles se trouveront affectez, leurs situations avec leurs royans, &
aboutissans.

X X.

Et seront chacunes pieces desdits immeubles venduës à part, l'une après l'autre, les proclamations
preallablement faictes par attaches, ou affiches des
billets sur les portes des bastimens proclamez, comme és lieux publiques, devant l'Eglise, & publiées
par trois quinzaines consecutifves, avec le quart de
grace.

X X I.

Auxquelles proclamations seront desnommez les
crediteurs, à l'instance desquels telle subhastation
se faict, & le debteur auquel tels biens appartiennent.

                    DES

DES APPELLATIONS
& revisions.

CHAPITRE XXII.

ARTICLE PREMIER.

LEs Appellations des Courtes, & Justices inferieures, & subalternes, se feront à la Cour Souveraine dans dix jours, & se releveront dans quarante
jours, à peine de desertion.

II.

Et les sentences avec procès originaux, seront
portez à ladite Cour, par un membre, ou Eschevin,
ainsi qu'il leur sera ordonné par mandement en forme.

III.

L'amende du fol appel s'exigera comme du passé,
laquelle est taxée & moderée à quatre florins d'or, de
laquelle neantmoins la partie appellante ne sera at-
tainte pour le simple appel, ne soit qu'il y ayt persi-
stence par relief & introduction de cause, ce que s'observera aussi au fait des revisions, & où il y aura plusieurs Consors appellans, ou implorans revision en
cas de non griefs ne seront tenus qu'à une amende de
quatre florins d'or, comme dessus.

IV.

I V.

Des sentences renduës par la **Cour Souveraine** de Boüillon n'y aura appel n'y restitution , ains seulement revision , & pour ce regard la Cour devra proceder avec toute maturité & circomspection , en donnant aux parties termes competans , recevant les cas posez par icelles , & admettant les escript où il y aura tant soit peu d'apparence qu'il feroient à la cause. D'abondant avant conclure en cause donnera & presigera deux termes peremptoires avec dilay competant de huicts jours pour le moins , pour deduire & alleguer tout ce que les parties trouveront convenir pour la justification de leur intendit.

V.

Et non seulement les sentences de la Cour Souveraine ne seront appellables , mais seront aussi executoires , nonobstant la revision , soubs caution neantmoins suffisante & preallable , voir toutes-fois lors qu'elles seront données par ladite Cour en premiere instance , ou donc confirmatoires sur appel interposé d'une sentence precedente.

V I.

Mais quand il y auroit sentence contre sentence , l'execution demeurera en estat & surceance , jusques à ce que la revision soit vuidée & determinée.

V I I.

V I I.

La revision se pourra impetrer en tout cas, ou l'appel est permis, & s'y observera la forme suivante.

V I I I.

Sçavoir que la partie pretendante estre grevée, devra dedans quarante jours impetrer icelle, par supplique qu'elle presentera à son Alteze & Duc de Boüillon, & ce par la partie mesme, ou Procureur de la cause, ou dont autre suffisamment constitué, le mandate duquel devra estre joint & annexé à la supplique, laquelle contiendra un brief & succint narratif du faict & griefs, sans que par après on y puisse adjouster, ou diminuer.

I X.

L'octroy de ladite revision se donnera sur la simple supplique, sans aucune contestation, ny contradiction, & cognoistront les reviseurs s'il y eschoit revision ou point, & pour l'expedition de l'octroy, la partie impetrante payera un florin & non plus.

X.

L'insinuation d'iceluy estante faicte à la partie & Gouverneur, qui sera quinze jours après au plus tard, les parties se pourront accorder des reviseurs, pardevant ledit Gouverneur, qui les pourra sommer dedans autres quinze jours de ce faire, & s'accordans la commission se despeschera par le Gouverneur,

soubs

ſoubs le nom de ſon Alteze & où les parties ne s'accorderoient pendant leſdits deux quinzaines, ſon Alteze ou ſon Conſeil les denommera & deputera.

X I.

Le nombre deſdits reviſeurs ſera de trois, leſquels en preſence de la Cour, & du Gouverneur, s'il y veut eſtre, feront examen & lecture du procès, & pourra ladite Cour donner les cauſes, raiſons, & motifs de ſa ſentence pour y avoir tel regard qu'il conviendra.

X I I.

Les reviſeurs ſoit qu'ils ſoient denommez par conſentement des parties, ſoit par ſon Alteze devront paſſer le ſerment qu'ils n'ont êté preinformez & qu'ils feront juſtice ſans aucun port faveur, ny diſſimulation, & qu'ils jugeront ſuivant les loix & couſtumes du Duché, ſi tel cas y repoſe.

X I I I.

Par ce preſent Reglement, & reformation S. A. n'entend deroguer à la couſtume ancienne, touchant les pairs ou les parties s'accorderont d'iceux, ny à la taxe & namptiſſement de cent eſcus & un pariſis, autrement il ſuffira à l'impetrant de la reviſion de namptir entre les mains du Prevoſt vingt-cinq eſcus ſols avec obligation & promeſſes de furnir le ſurplus.

O   X I V.

X I V.

Si les Pairs comparent la taxe ſera de quatre eſcus ſols pour chacun , ſinon pour tous autres commis deux eſcus ſemblables.

X V.

Et ne pourront les Pairs ou Commis, partir ou ſe retirer de Boüillon , avant la fin, hoſport, & determination de la reviſion, comme auſſi avant ce ils ne pourront recevoir aucun honorair ou vacation.

X V I.

En ladite reviſion , ſeront ſeulement repreſentées les pieces du procès , ſur leſquelles la Cour a jugé & apointé , & adjouſtée ſeulement une inſtruction de droit de part & d'autre.

DES PRESCRIPTIONS.

CHAPITRE XXIII.

ARTICLE PREMIER.

PRESCRIPTION fondée ſur bonne foy avec tiltre, poſſeſſion continuë, ou paiſible de dix ans, a lieu.

I I.

Preſcription de choſe ſacrée ne vaut contre l'Egliſe, ny contre mineurs, ny contre freres, & ſœurs respectivement, estant en commun, & n'ayant faict partage de la succession leur escheuë, ny contre ceux qui sont privez de leurs bons sens, & entendement.

I I I.

L'usufructuair ne pourra prescrire la proprieté du bien par luy tenu en usufruict, ny celuy qui en tiendra à tiltre gager, precair, ou location.

I V.

N'aura lieu prescription en temps de guerre, ou arrivant contagion pour laquelle on seroit constraint quiter le lieu.

V.

Possession de si long-temps qu'il n'y a memoire au contraire à force de tiltre, pour legitimement avoir prescript.

V I.

En prescription de meuble, est requis que la chose ne soit viticuse, comme furtifve, ou violemment ravie, voire nuit le vice réel ors qu'à l'acquesteur.

V I I.

Le Maistre de la chose violemment, ou furtifvement ravie, la peut reclamer, & en poursuivre la restitution dans trois mois après qu'il sera venu en la cognoissance d'iceluy, en quel lieu elle est, ou par qui elle est possedée, & detenuë, & ce nonobstant la bonne foy de celuy qui en seroit trouvé possesseur,

O 2

lequel

lequel pour repeter le prix par luy deboursé, aura
son recours vers & contre son vendeur, ou autre sien
autheur.

VIII.

Toutes actions personnelles seront prescriptes par
le laps de trente ans, mais pour prescrire contre l'E-
glise, ou fisque, seront requis quarante ans · pourveu
que la chose soit prescriptible, & la possession fondée en tiltre & bonne foy.

IX.

Partie d'un fief ne peut estre acquise par prescription, ains demeure toûjouts subjecte à la reünion de
son corps, sinon qu'autrement en soit esté disposé,
ou ordonné, fust ce par testament, & derniere volonté, transaction, ou autres moyens legitimes, expressement ratifiez par le Prince, si que Seigneur direct, & Souverain.

X.

Ou bien que par reliefs anciens, & depuis conti-
nuez, de telles parties divisées, & possedées hors
memoires d'hommes, soit presumé l'adveu exprès
dudit Seigneur direct, & consentement des parties
avoir approuvé tel desmembrement, & division des
fiefs.

XI.

Mesus qui ne meriteront peines corporelles seront
pres-

preſcripts après l'an paſſé, & pour injures legeres & proferées par cholere, la pourſuite s'en devra faire dans trois jours après qu'il ſera venu en la cognoiſ-ſance de l'injurié, leſquels paiſiblement eſcoulez n'en ſera receüe la pourſuite, comme preſumée eſtre re-miſe par charité Chreſtienne.

CERTAINS REGLEMENS POUR
les Seigneurs & Officiers.

CHAPITRE XXIV.

ARTICLE PREMIER.

LEs Seigneurs hauts Juſticiers ne pourront ſaiſir ny s'approprier par droict d'eſpaves aucune eſ-pece de marchandiſe, ſoit de bois, ſoit d'autre choſe que la violence de l'eau auroit emmenée, & fait aborder ſur le terroir de leurs Seigneuries, n'eſt que les marchands proprietairs d'icelles en ayent neghgé la pourſuite, recognoiſſance, & vendication par quarante jours de leurs abords.

I I.

La recognoiſſance de telles marchandiſes ſe fera preſente l'officier, ou aucun de la Juſtice du lieu, ou pour le moins elle leur ſera noncée, & de ce ſera creu le marchand par ſon ſerment ſur la recognoiſſance de

ſa

sa marque, ou par tesmoins, s'il en peut recouvrer, ou par ses ouvriers, ou facteurs.

III.

En suite de ladite recognoissance, preuve, ou affirmation sera licite, & permis aux marchands renouveller sa marque, en payant les dommages & interests si aucuns estoient causez aux preits, ou champs sur lesquels ladite marchandise seroit esté jettée par le flux de l'eau, ou retirée par quelqu'un & les salaires honnestes, & raisonnables de celuy qui l'auroit retirée.

IV.

Avant que lesdits Seigneurs, ou leurs fermiers se puissent approprier aucunes bestes esgarées, ou autres meubles, soit or, soit argent, & semblables trouvez sur leurs Seigneuries, ils les devront faire annoncer és lieux circomvoisins, à la sortie de la Messe Paroichialle par quatre Dimanches suivans, afin s'il est possible les restituer à celuy auquel elles appartiennent, qui devra payer tous frais ensuivis avec la garde & nourriture de bestiaux trouvez.

V.

Si par cheute fortuite de quelque chariot, ou autrement quelqu'un se trouvoit occis, le Seigneur ne pourra pretendre aucun droict de confiscation, audit chariot, chevaux, ou bœuf y attellez.

VI.

V I.

Et sera tenu celuy qui en auroit la conduite, de verifier le bon debvoir qu'il y auroit apporté, & que telle infortune ne seroit survenuë par sa coulpe, ou negligence.

V I I.

Si la preuve est difficile pour n'y avoir au lieu de tel accident tesmoins, iceluy estant interrogé du fait & s'excusant par serment solemnel, en sera plus legerement punis, soit en amende pecunielle envers le Seigneur, soit en reparation envers les parens, & heritiers de l'occis, le tout eu esgard à toutes circonstances du lieu, du temps & des personnes, en payant les fraix de la Justice en la visitation du corps, enquestes & autres exploits suivis.

V I I I.

Ne pourront aussi lesdits Seigneurs pretendre autres droits pour enfans tombez, ou autrement par cas fortuits tuez, ou occis sans la faulte, ou negligence notable de leurs parens, ou de ceux qui en ont la charge. Dequoy aussi ils se devront justifier, & descharger sommairement, & demander congé de l'Officier, d'enlever le corps, le visiter, & inhumer, payant trois florins d'amende, & les fraix de Justice suivis.

I X.

I X.

Pour homicide non volontair, casuel, ou par necessaire deffence de son corps, ou de ses biens, ne se feront aucunes obeïssances ou reparations honnoraires, ains en sera ordonné par la Justice après deuë information selon le faict, & circonstances d'iceluy.

X.

Les presens Reglemens s'observeront au future uniformement parmy le Duché, & cesseront les confiscations pratiquées en aucuns endroits ou la coustume de Beaumont avoit lieu, hormis en cas de crime de leze Majesté divine & humaine, parricide, bout-feux, meurdre, faulse monnoye, esquels cas la confiscation aura lieu comme de coustume. Et ne pourront aucuns Officiers ou Justiciers exercer aucuns offices, ou judicature soubs deux Seigneurs, & diverses jurisdictions, & feront residence au lieu de leur office.

REI-

REIGLEMENS ET POLICE ENTRE
les Bourgeois & Surceans du Pays.

CHAPITRE XXV.

ARTICLE PREMIER.

IL n'est permis à aucun faire assemblée generalle des Officiers du Pays, sinon de l'authorité de son Alteze Prince Souverain, & ce par son Gouverneur, ou en son absence par le Lieutenant avec advis de la Cour, pour affaires concernans le service du Prince, bien, repos & maintien du peuple & de ses Privileges, comme aussi ne se fera assemblée des Bourgeois & surceans de chacun Village, sinon de l'authorité des Seigneurs ou de leurs Officiers.

II.

En telles convocations & assemblées generalles de tous les Officiers, ou habitans de chacun Village, les absens & defaillans seront tenus suivre & se conformer à la resolution prinse par ceux qui auront comparu, comme si eux mesme en personne y eussent donné leurs voix, en cas que leur consentement y fust esté necessaire. Autre chose seroit-ce si ladite convocation n'avoit esté generalle, mais d'une partie seulement.

P

III.

III.

Ne fuſt que par le commun advis du Pays, ou de chacune communaulté , fuſſent choiſies certaines perſonnes pour Sindicques , & Procureurs de la generalité & qu'iceux (requerans les affaires acceleration) en euſſent deliberé & reſoud , en vertu de la charge , & commiſſion qu'ils avoient du pays & de leurs communaultez.

IV.

Aucun eſtranger ne pourra eſtre reçeu pour tenir domicil, & reſidence en ce Duché, ſi premier il n'apport bonne , & ſuffiſante atteſtation de la Juſtice des lieux eſquels il auroit faiĉt ſa demeure, de ſa vie, & comportement, & la notifiée à l'officier, ou Seigneur des lieux, pour en obtenir la licence & permiſſion , car ou il ſe retrouveroit chargé de crimes enormes , celuy ou ceux qui les auroient reçeu & accommodé de logis plus que huiĉt jours, ſans l'avoir ſignifié aux Officiers reſpectivement , en feront reſponſables, tant envers le Prince Souverain , qu'envers les Seigneurs, & ſubjets, ou autres qui recevroient dommages.

V.

Afin que par aucune pratique, ou mutuelle colluſion les terrages des Seigneurs ne ſoient amoindris, & auſſi que par quelque chaleur en la licitation

qui

qui s'en fera on n'endure perte notable , le dernier
encherisseur , & adjudicatair pourra dans tiers jours
y renoncer , payant au Seigneur le remont dont il
auroit hauflé & encheri , avec les vins , & que dans
tiers jours il le face sçavoir par le Sergeant à celuy fur
lequel il auroit rehauflé , qui fera tenu l'accepter &
s'en charger , fi femblablement il n'y renonce , foubs
les mefmes peines , & conditions.

V I.

Duquel benefice chacun pourra joüyr jufques au
premier encherisseur , en affeurant fur bonne , & fuf-
fifante caution , les Seigneurs , chacun de fon remont ,
& vins ordinairs.

V I I.

Auxquelles fins la Juftice fera diligemment anno-
ter les noms de tous ceux qui feront remont , chacun felon fon ordre , & feront tenus pour ce regard
les renonçans faire charger les regiftres des fubha-
ftations de leur renoncement , le tout pour l'affeu-
rance des Seigneurs , qui felon l'ordre defdits regiftres s'addrefferont à leur liciteurs , & encherifseurs
pour leurs interefts.

V I I I.

L'Officier aura foigneux regard que les ruës , chemins , & autres lieux hantez ne foient infectez d'aucunes puanteurs , ou empefchez des fumiers , com-

me auſſi que les fontaines publiques, & du commun ſoient tenuës nettes , ſans qu'il ſoit permis y
l'aver à quatre pieds près de leur ſources, aucuns lin-
ges , deſpoüilles de beſtes , & autres choſes qui pourroient les corrompre , ou infecter.

I X.

Item qu'en chacune maiſon les cheminées ſoient
bien entretenuës , & qu'aucun n'ayt à ſeicher chan-
vre dans aucune maiſon pour broyer , craignant la
conflagration qui en pourroit ſuivre au notable inte-
reſt des voiſins, & du publique, à peine de trois florins d'amende, & reparation de tous dommages &
intereſts.

X.

Les voyes , & chemins ſervans au charoy des
grains, foins & autres fruicts, qui ſe trouveront rompus, ou empeſchez, ſoit par inondation d'eau , ſoit
autrement, ſeront par chacun an avant le dernier de
Mars reparez, comme ſemblablement les ponts &
paſſages neceſſairs pour les travers des ruiſſeaux, lieux
mareſeageux , & ſemblables: ſinon en ſera recherché
l'Officier qui en ſera negligent.

X .

Les Bourgeois qui à la ſemonce & ordonnance de
l'Officier concernante telles reparations , ou quelque autre Reiglement , ou utilité publique ſe mon-
ſtreront

ſtreront deſobeïſsans & rebelles, bien qu'en leur par-
ticulier ils n'en deuſsent pour lors recevoir advanta-
ge, ou commodité, encourront amende de trois
florins.

XII.

Ayant quelque Bourgeois abbatus dans les bois arbres, qui feront tombez au travers du chemin em-
peſchant le libre paſsage, devra dedans trois jours le
delivrer & rendre le chemin libre, à peine de trois
florins d'amende. Comme auſſi celuy qui s'en ap-
propriera quelqu'un deſraciné, & abbatu par l'orage
au travers dudit chemin, ſoubs meſme peine.

XIII.

Pour éviter tant que poſſible ſera tous dangers, &
perils de la contagion és beſtiaux, deſquels ſe tirent
les principaux moyens, & nourriture du pays, ne
ſera permis, à aucun Bourgeois, & ſurceans du pays
de chaſſer ou meſler beſtes venantes dehors du lieu,
ou nouvellement acquiſes avec le commun troupeau,
& herdaige, ou ſur le commun paſturage, ſans en
avoir premierement advertis les Mayeurs, ou wi-
naux, auſquels il ſera tenu declarer d'où il les auroit
amenées, afin recognoiſtre s'elles pourroient eſtre
infectées de malages, ou s'elles auroyent paſturé ou
giſté avec autres qu'en ſeroient ſoubſçonnées.

P 3   XIV.

XIV.

Autrement si telles bestes se trouvoient dans six sepmaines après infectées, & corrompuës, le Maistre sera tenu oultre la restitution de tous dommages, & interests qui en surviendroient, à une amende de trois florins pour la premiere fois, du double pour la seconde, & pour la troisiesme arbitrairement.

XV.

Ne devra aucun estranger charger de bestiaux directement, ou indirectement le commun pasturage d'aucun lieu, sans l'advis & consentement de la Communauté, qui y pretendroit avoir interest.

XVI.

Les porcs au dessus de trois mois, seront chassez soubs la garde du paistre, ou seront tenus renclos en leurs estables, n'estant permis les laisser vaguer par les ruës, sinon au fort de l'hyver, à peine de sept patars & demy d'amende, & de satisfaire aux dommages & interests qu'en pourroient survenir, tant à l'endroit des jeunes enfans, que jardins, ou autrement.

XVII.

Et d'autant que telles especes d'animaux foüillans la terre pour y chercher nourriture, ne font petits desgasts és prairies, y contretournans, & renversans le gazon, est deffendu à ceux qu'en auront la garde, de les y conduire, & laisser pasturer, à peine d'amen-

d'amende de sept patars & demy, & de reparer les
desgasts faits.

XVIII.

Toute personne d'entiere fame, & renommée sera creuë par serment de la prinse qu'il auroit faict
d'aucuns bestiaux, faisans dommages en ses heritages, ou autres, si le maistre d'iceux ne veut verifier
le contraire, & qu'ils estoient ailleurs.

XIX.

Et sera tenu dans vingt - quatre heures faire visiter
par un membre de Justice pour le moins son preten-
du dommage, partie à ce appellée, autrement tel
terme escoulé n'y sera reçeu.

XX.

Si celuy auquel appartient le bestail prins en dommage ne le requiert, ou reclame, le Seigneur ou son
Officier luy fera sçavoir qu'il le fera vendre dans tiers
jours, pour sur iceluy recuperer le dommage, &
amende, avec tous autres fraix de Justice.

XXI.

Personne allant pecher aux ruisseaux, ne pourra
destompre les prairies en hoüant, par où icelles se
trouveroient deschirées, à peine d'amende de trois
florins pour la premiere fois, pour la seconde le double, & pour la troisiesme d'estre chastié à l'arbitrage
du Juge.

DES

DES DESPENS ET
taxe d'iceux.

CHAPITRE XXVI.

ARTICLE PREMIER.

DESPENS doivent estre adjugez à la partie qui obtient sentence favorable, sinon que pour certaines considerations mouvantes, le Juge les auroit compensez.

I I.

L'adjourné pourra comparoistre en personne pour ouyr la premiere proposition, & demande de sa partie, comme l'impetrant d'adjournement pour le faire, & en cas de gaing de cause leur sera telle comparition respectivement taxée, selon la qualité des personnes, distances des lieux, & qualité de la saison. Neantmoins afin retrancher les comparitions, & abus, on ne pourra taxer à l'acteur, ou deffendeur en chasque cause, outre trois comparitions soubs quel pretexte que ce soit.

I I I.

Pour dresser declaration des despens, sera taxé pour chacun fueillet trois patars, & si la partie la retient sans y servir de diminution dans le terme, &

qu'il

qu'il convienne exhiber autre copie à la Cour elle viendra aussi taxable.

I V.

Pour solliciter taxe des despens , ne devra estre taxée plus qu'une comparition de partie , ou de Procureur , voire , pourveu qu'ils affirment avoir esté expresse , pour ce suject , & qu'autrement ils croyent qu'ils n'en eussent eu lors expedition. Le mesme pour obtenir execution des sentences , & s'il y a retardement par la coulpe du Juge il l'amendera vers partie , qu'en sera interessée.

V.

Seront taxées les journées des tesmoins , eu esgard , à la qualité , estat , & autres circonstances à considerer , soit de la difficulté , soit du danger des chemins.

V I.

Gens de mestier plaidans au lieu de leur residence auront par taxe la moitié de ce que plus ordinairement ils gaignent par journée , & ainsi que dessus.

V I I.

Les tesmoins seront promptement payez selon la taxe que le Juge , ou examinateur d'iceux en feront à l'instant qu'ils auront deposé.

V I I I.

Ce qui sera annoté au pied de la deposition de cha-

Q   cun

cun tefmoin, à quelle fin fera ordonné à la partie produifante de namptir certaine fomme de deniers à la difcretion du Juge.

I X.

Les copies des efcripts fournis par la partie adverfe condamnée, viendront feulement en taxe, enfemble des verbaux qui fe feront durant la procedure.

X.

Pour éviter les fraix qui ont gliffé parmy le ftyle ancien, eft ordonné que dorefnavant l'on rendra aux parties la declaration des defpens qu'elles auront fournie, & taxe d'icelle, & la copie à la contre-partie s'elle la requiert, en mettant au Regiftre de Juftice feulement la fomme de la taxe.

X I.

Et afin que les furceans du pays ne foient fi portez à plaidoyer, les droicts de la Cour feront à chafque fiege promptement payez, fans qu'on les puiffe differer en fin de caufe, dont les parties fe trouvent lors accablées, autrement icelles feront abfouldes des droits de la Cour, & en cas qu'elles foyent pauvres, eftant ce cognu à la Cour, elles feront fervies gratis.

DES

DES DROICTS, SPORTULLES,

ou salairs, tant des Prevost, Jugeurs, Greffier, & Sergeant de la Cour Souveraine que des Justices inferieures, avec les droicts qu'appartiennent aux Procureurs.

CHAPITRE XXVII.

POur presentation de chacune cause à la Cour Souveraine de Boüillon, trente-trois patars & demy.

Aux Justices de jurisdiction haultaine, subalternes & foncieres treize patars & demy.

Aux Procureurs postulans pardevant les Justices subalternes pour presenter la cause, ou exhiber escrit au lieu de leur residence six patars.

Et hors leurs demeurances pour chacune journée qu'ils vaqueront aux presentations des causes, pour & à l'advenant de deux lieuës de distance douze patars.

On ne taxera qu'une information de droit & ce à la discretion de la Cour, & lors qu'elle la jugera necessaire.

Pour chasque interlocutoire à la Cour Souveraine trente patars.

Pour

Pour sentence diffinitifve sur conclusions des deux parties à ladite Cour Souveraine, six florins, y comprinse l'amende du Prevost de sept patars & demy.

Pour sentence sur contumace, & conclusion d'une seule partie à ladite Cour, trois florins sans amende.

Pour chacun transport & œuvres de loix faictes pardevant la Cour Souveraine quarante patars.

Aux inferieures un florin.

Pour l'examen de chacun tesmoin aux Jugeurs & Greffier huict patars.

Aux Justices inferieures quatre patars.

Pour le relief de chacun simple fief, pour droits de la Cour quarante patars.

A chacun homme de fief y present & tenant siege quatre patars.

Pour relief de chacun fief ayant jurisdiction quatre florins.

A chacun homme de fief y present & tenant siege huict patars.

Pour relief d'une Seigneurie ayant dignité comme les quatre Sires huict florins.

A chacun homme de fief y assistant seize patars.

Pour le relief d'une Seigneurie ayant la prééminence de Pairie annexée seize florins.

Pour

Pour adjouſter & marquer chacune meſure , aul-
nes , ou poids , ſept patars & demy.

Pour chacune viſitation en la Ville de Boüillon ,
ſera taxé à chacun deputé de la Cour huict patars.

Aux commis, & deputez de ladite Cour pour dreſ-
ſer enqueſtes , ou faire œuvres de loix hors la Ville de
Boüillon , ſeront taxez pour chacune journée & vacation à chacun trois florins.

Et viendront en taxe les journées neceſſaires em-
ployées aux voyages tant en allant qu'au retour.

Au Sergeant ſera taxé quarante patars.

Au Greffier pour chacune copie cinq patars & en
cas qu'elle excede la füeille dix patars.

Pour le grand ſeel de la Cour ſeul , dix - ſept patars
& demy.

Pour le ſeel du Prevoſt dix patars.

Pour le ſeel de chacun Jugeur cinq patars.

Pour ſimple ordonnance ou reiglement apoſtillé
ſur requeſte neuf patars & demy , ſans comprendre
la copie du Greffier.

Pour mandement de relief ſur appel interjetté de
quelque ſentence du Juge inferieur à la Cour Souveraine quarante patars.

Pour l'amende de chacune ſaiſie , ou arreſt de perſonnes , ſoit pour debte , ſoit pour en tirer quelque
reparation , au Prevoſt ſept patars & demy.

Q 3

Pou

Pour arrester aucune personne à raison de tesmoignage n'y gist amende.

Pour chacun deffaut sept patars & demy.

Pour avoir permission d'adjourner tesmoins pour aller deposer pardevant autre Justice, au Prevost ou autre Officier dudit tesmoin cinq patars.

Le mesme pour la permission de tous autres adjournemens.

Aux Seigneurs hauts Justiciers appellez pour renfort de Cour, pour chacune journée trois florins.

Au vassal ayant seulement moyenne, & basse jurisdiction trente patars.

Au vassal n'ayant que basse jurisdiction soubs un Mayeur & Eschevins, vingt patars.

A un simple fiefvè qui n'auroit autre qualité, vingt patars.

Finalement est ordonné que les presens statuts & reformations, devront estre en tous leurs points inviolablement gardées & observées, & les coustumes y inserées és cas qui se representeront aussi estre tenuës, tant en jugement qu'au dehors, sans qu'il soit besoing de les alleguer, informer ou verifier, sinon par l'extraict d'icelles; deffendant à tous Officiers, Justiciers, Subjects & vassaux d'en user autrement, ny de recevoir allegations d'autres coustumes, & quant touche ce qui n'y seroit inserré, de se reigler

selon

selon le droit escrit & commun, sauve à nous, & noz Successeurs la moderation, & interpretation de noz Ordonnances.

PVbliées & mises en garde de loy au lieu de Boüillon, en la Salle ordinaire de Justice, le Mercredy treiziesme de Septembre, l'an mil six cents & vingt-huict, environ le midy, en presence d'Honnorez Seigneurs François de Diffus & Lambert de Lapide, Conseilliers du Conseil Privé de S. Alteze de Liege, Commis, & Deputez d'icelle; les Prevost & Jugeurs de la Cour Souveraine dudit Boüillon, la plus part des Officiers, grand nombre de peuple & subjects du Duché.

I. DE LOEN.